T0245922

BIBLIOTECA TODOROV 3

Insumisos

Tzvetan Todorov

Insumisos

Traducción de
Noemí Sobregués

Galaxia Gutenberg

Título de la edición original: *Insoumis*
Traducción del francés: Noemí Sobregués Arias

Publicado por
Galaxia Gutenberg, S.L.
Av. Diagonal, 361, 2.º 1.ª
08037-Barcelona
info@galaxiagutenberg.com
www.galaxiagutenberg.com

Primera edición en Galaxia Gutenberg: febrero de 2016
Primera edición en Biblioteca Todorov: marzo de 2022

© Editions Robert Laffont/Versilio, 2015
© de la traducción: Noemí Sobregués, 2016
© Galaxia Gutenberg, S.L., 2016, 2022

Preimpresión: Maria Garcia
Impresión y encuadernación: Romanyà-Valls
Pl. Verdaguer, 1 Capellades-Barcelona
Depósito legal: B 3292-2022
ISBN: 978-84-18218-16-3

Cualquier forma de reproducción, distribución, comunicación pública
o transformación de esta obra sólo puede realizarse con la autorización
de sus titulares, aparte de las excepciones previstas por la ley. Diríjase a CEDRO
(Centro Español de Derechos Reprográficos) si necesita fotocopiar o escanear
fragmentos de esta obra (www.conlicencia.com; 91 702 19 70 / 93 272 04 45)

En memoria del insumiso desconocido.

Para mí, la resistencia consiste en decir no.
Pero decir no es una afirmación.
Es muy positivo, es decir no al asesinato y al delito.
No hay nada más creativo que decir no
al asesinato, a la crueldad y a la pena de muerte.

GERMAINE TILLION

Aviso al lector

El borrador de este libro estaba ya terminado cuando, a principios de enero de 2015, se produjo en París un acontecimiento traumático, la ejecución de doce personas en la redacción de *Charlie Hebdo* y, en los días siguientes, de otros cinco habitantes de la ciudad (una policía y cuatro personas judías). Mi libro no trata del terrorismo ni de la guerra que se le ha declarado, del islamismo ni de la islamofobia, de la religión ni de la laicidad. Sin embargo, al releerlo, no puedo evitar oír resonancias entre estos dos órdenes de cosas independientes. Mediante la alusión a varios itinerarios individuales, este libro aborda situaciones de grave conflicto, ya sea entre países, entre dos categorías de la población o entre el gobierno del país y algunos de sus habitantes. Describe las formas de insumisión y de resistencia que surgen a veces ante una dificultad extrema, y más concretamente un comportamiento que se inspira en principios morales, por lo tanto necesariamente personales, secretos, pero que aparecen en el espacio público y tienen consecuencias políticas. Ahora bien, los atentados de París sacaron a la luz un conflicto entre varios países occidentales (norteamericanos o europeos) y residentes de otras partes del mundo, o entre dos segmentos de la población en los países occidentales. No podemos aplicar automáticamente una lección del pasado a las luchas presentes, pero la confrontación con el pasado fortalece la reflexión sobre el presente.

Motivaciones

Si me pregunto por las razones que me empujaron a interesarme por el tema que para resumir denomino «la moral en política», veo sobre todo dos, cada una de ellas relacionada con una parte diferente de mi vida. Bulgaria, en donde crecí, había entrado en 1944 en la órbita de la Unión Soviética, y el país fue sometido progresivamente a un régimen totalitario dominado por el Partido Comunista. ¿En qué momento fui consciente de ello? Creo que, en mi caso, el año 1956 marca una ruptura. Fue de entrada el año en el que terminé mis estudios secundarios y me matriculé en la universidad, en la disciplina que se corresponde con lo que en Francia llamamos «letras modernas», y que en la Universidad de Sofía designábamos como «filología». Era pues el momento en el que se suponía que entraba en la vida adulta y adquiría cierta autonomía de pensamiento. Pero el año también estuvo marcado por dos acontecimientos políticos de peso. El primero, en el mes de febrero, fue la difusión del «informe secreto» que Nikita Jrushchov, jefe tanto del Partido Comunista como del Estado soviético, presentó al vigésimo congreso de este partido sobre los crímenes de Stalin y del estalinismo. Hoy en día cuesta imaginar el impacto que tuvo este texto, como mínimo en personas que, como yo, no sospechaban la envergadura del desastre. Se había adorado a Stalin como a un semidiós, antes y después de su muerte, en 1953, su momia descansaba por toda la eternidad –creíamos– en el mausoleo al pie del Kremlin, y de repente nos enterábamos, por la fuente más autorizada posible, de que este personaje era uno de los peores criminales de nuestro tiempo. Retrospectivamente podemos constatar que el «informe secreto» de Jruschov distaba mucho de revelar toda la verdad del estalinismo, pero en aquel momento, al menos para los inocentes como yo, el golpe fue duro. De repente se derrumbaba un mundo. Y yo me decía que sin duda iba a empezar una nueva época.

El segundo acontecimiento tuvo lugar en otoño del mismo año. Por vías indirectas –emisoras de radio extranjeras y rumores diversos– nos enteramos de que en otra «democracia popular», Hungría, se había iniciado un nuevo proceso. Aunque seguían llamándose comunistas, los dirigentes húngaros emprendieron audaces reformas, sobre todo abandonar la alianza militar que formaba el conjunto de países del bloque soviético, el llamado «pacto de Varsovia», y proclamar la neutralidad de su país. A finales de octubre Hungría estaba en plena efervescencia. Nosotros, los búlgaros, seguíamos la evolución de los acontecimientos día tras día. Después, a principios de noviembre, llegó el fin. Era evidente que la tentativa de autonomía y de liberalización era más de lo que los dirigentes soviéticos estaban dispuestos a soportar. Los tanques rusos entraron en Budapest y aplastaron de forma sangrienta toda veleidad de resistencia. El efecto que nos causó esta represión fue devastador. Habíamos imaginado que el discurso de Jruschov en el vigésimo congreso llevaría a un cambio progresivo de nuestras sociedades hacia la democracia. Nuestra ilusión se desmoronó. Se demostró que los desastres de los años anteriores no eran consecuencia de una deriva criminal del jefe Stalin ni del «culto a la personalidad» de que era objeto (como pretendía Jruschov), sino que eran producto del propio sistema comunista. El hombre que había denunciado los crímenes de Stalin acababa de ordenar al Ejército Rojo que invadiera Hungría. Por entonces yo tenía diecisiete años y debía sacar las conclusiones que se imponían para mi propia vida.

Nuestra existencia bajo el régimen comunista tenía muchos inconvenientes, en primer lugar la permanente escasez de productos de primera necesidad para casi toda la población, y en segundo lugar la privación de las libertades individuales más básicas para una parte más restringida de la población. Esto lo veía claro ya en aquella época, aunque tardé mucho más en ser consciente de otro grave defecto de aquel régimen, a saber, la confusión entre moral y política. Para ser más exacto, aparentemente el régimen reivindicaba determinados valores absolutos –igualdad, libertad, dignidad humana, desarrollo personal, paz y amistad entre los pueblos–, y se suponía que todas las medidas políticas concretas derivaban de estos nobles principios y nos conducían a ellos. Apuntaban a un fin sublime, al futuro radiante y a la sociedad comunista ideal. Pero enseguida entendimos que toda esta construcción no era más que una fachada destinada a camuflar el verdadero orden, que era muy diferente. El auténtico fin era dominar completamente el país, y su único límite eran las directrices que lanzaban los jefes del Partido Comunista soviético. Todos los poderes se concentraban en manos de un pequeño círculo de dirigentes que no toleraba el más mínimo pensamiento herético. En cuanto a los bellos ideales, estaban relegados a la categoría de simples herramientas, de revestimiento cómodo destinado a facilitar la sumisión de la población. En lugar de una política inspirada en valores universales, se trataba de instrumentalizar esos elevados ideales al servicio de los objetivos prácticos más mezquinos.

La consecuencia de esta confusión era la grave erosión de todo el ámbito de la moral. A este respecto debían distinguirse varios grupos en el seno de la población. Para empezar, el de los miembros del equipo dirigente y sus familiares y amigos, que gozaban de numerosas ventajas y cuyo discurso comportaba dosis variables de credulidad y de cinismo, según tuvieran más o menos fe en la ideología que profesaban. Otro grupo estaba formado por la parte de la población que, de buen grado o a la fuerza, había adoptado los valores oficiales e intentaba ajustarse a ellos en su conducta, vigilando a sus vecinos, a sus compañeros de trabajo o a los amigos del grupo del que formaban parte, y denunciando a las personas que suponían que se apartaban de la línea ortodoxa. Por último, el tercer grupo estaba formado por personas que habían renunciado a hacer carrera uniéndose al Partido Comunista, que obedecían las órdenes, pero sin entusiasmo, que daban importancia a los ámbitos que escapaban al control ideológico –vida privada, amistades, amor y contacto con la naturaleza–, y que por lo tanto vivían en una especie de exilio interior. Los miembros de este último grupo intentaban vivir dignamente, pero sólo dentro de un marco privado. En público debían ofrecer garantías al régimen y dar muestras de su fidelidad al dogma. Así pues, en las conversaciones con los amigos o en su lugar de trabajo, debían evitar en la medida de lo posible todo tema político y aprender a recurrir a evasivas. El precio que pagaban era cierta marginación social. Cuando intentaba imaginarme mi existencia futura, me veía en este último grupo, aunque nada estaba garantizado.

Que yo sepa, por aquel entonces no había opositores declarados al régimen. Si los había, debían de estar pudriéndose en la cárcel o en uno de los campos de concentración dispersos por el país, colonias penitenciarias de siniestra reputación. A decir verdad, ni se me pasaba por la cabeza la idea de tomar esta dirección, porque esta actitud me parecía totalmente desesperada. No veía lugar para una vía a medio camino entre el silencio resignado y la revuelta estéril, en la que estás seguro de perder. Unos años después los disidentes trazarían esta otra vía, pero, en aquella época, en Bulgaria no había disidentes. Ya no recuerdo si en aquel mismo año, 1956, había llegado a mis oídos el rumor de que un famoso escritor soviético, Borís Pasternak, había dado varios pasos en esta dirección haciendo circular ilegalmente una obra que se habían negado a publicarle. Es posible que la noticia traspasara las fronteras por vías no oficiales.

Desde aquella época lejana, el tema del lugar de la moral en la vida pública nunca se ha apartado de mí. Tiempo después me di cuenta de que, en la sociedad comunista posterior a la muerte de Stalin, por grande que fuera la presión que la sociedad ejercía sobre los individuos, había sido posible, no desafiar el poder del partido-Estado, por supuesto, pero sí asumir la adhesión personal a determinados valores elegidos por uno mismo: no doblar siempre el espinazo, negarse rotundamente a delatar, favorecer la lealtad con las personas en detrimento de la sumisión a las reglas oficiales, callarse si era preciso, pero jamás decir falsedades. Nunca sabré cuál habría sido exactamente mi trayectoria en el contexto búlgaro, porque, apenas dos años después de haber terminado mis estudios, dejé mi país natal y me trasladé a Francia. Pero no he olvidado la experiencia de vivir en un régimen totalitario. Incluso me da cada vez más la sensación de que ha desempeñado y sigue desempeñando un papel fundamental en la construcción de mi actual identidad, de que esa experiencia es la que explica buena parte de mis decisiones y de mis gustos. Sin duda es una de las razones que hoy en día me empujan a observar más de cerca las vidas que yo no viví, vidas de resistencia moral, no violenta, al orden dominante.

Mi primera sensación al llegar a mi nuevo país, donde desde entonces han transcurrido más de dos tercios de mi existencia, procedía de constatar que había desaparecido la permanente vigilancia de todos por parte de todos. Ya no teníamos que procurar no transgredir los límites de lo permitido. El perímetro de las libertades individuales era incomparablemente más amplio. Ya no era indispensable ser hipócrita todo el tiempo, andarse con rodeos respecto de tus sensaciones y fingir. La amenaza de sanción se había alejado. A primera vista, había desaparecido también la confusión entre moral y política. El régimen democrático que descubría no proponía ni una utopía ni un camino hacia la salvación. Consistía más bien en gestionar asuntos comunes, en principio en interés de todos. Los valores absolutos me parecían reservados al ámbito individual y privado: se elegía libremente la orientación religiosa, se implicaba uno a fondo en

una actividad artística, se ponía en práctica una actividad
social elegida por propia iniciativa y se podía –si se quería–
sacralizar las relaciones íntimas que se mantenían, el amor a
un hombre, una mujer, un hijo, un familiar o un amigo. En
cuanto a los compromisos políticos, podían ser apasiona-
dos, pero raramente tenían un carácter solemne, porque se
sabía por experiencia que eran cambiantes. Lo sagrado no
había abandonado el mundo, pero ya no era común a todos.
Cada uno podía elegir lo que a su juicio era sagrado para él.
Otra diferencia me llamaba la atención. Es cierto que
moral y política tienen en común el hecho de orientar nuestra conducta con los demás seres humanos, pero, aparte de
esto, casi todo lo demás las opone. En principio, la acción
política consiste en hacer lo que conviene más a los intereses
de un grupo concreto (un país, un partido o cualquier colectivo humano). La acción moral excluye todo interés particu-
lar y reivindica principios universales. La primera se juzga
por sus resultados. Es buena si ha alcanzado sus objetivos.
La segunda se evalúa a partir de las intenciones de quien la
lleva a cabo. El hombre que fracasa en su intento de ayudar
al prójimo no es menos virtuoso que el que lo logra. La virtud personal del político importa poco. Puede ser desagra-
dable con los que lo rodean, o defender determinada medida
sólo para impulsar su carrera. Lo que le pedimos es simplemente que esas medidas sean ventajosas para nuestro grupo.
Por el contrario, la acción moral sólo funciona en primera
persona del singular. Moralmente sólo puedo exigirme a mí
mismo. A los demás debo darles. Por lo tanto, quien hace
moral para los demás sin someterse a ella es doblemente in-
moral, consigo mismo y con los demás. En todo caso, la situación había cambiado respecto de mi pasado de europeo
del este. Ya no se trataba de la confusión entre moral y política, de su constante instrumentalización, sino de la progre-
siva desaparición de la moral del discurso público. Pero es
preciso concretar y matizar esta constatación.
    Con el paso del tiempo he acabado pensando que es im-
posible quedarse satisfecho con esta repartición algo mecá-

nica, que relega toda idea del bien al ámbito privado y sólo
reserva al ámbito público la gestión eficaz de los asuntos
cotidianos. Es cierto que la democracia no ofrece acceso al
bien soberano, no exige que los hombres de Estado sean
modelos de virtud o profetas de una utopía, pero no es verdad que le sea indiferente su conducta moral. Los ciudadanos del país son seres humanos con necesidades materiales y
espirituales, desean que los individuos que, en un momento
dado, representan el Estado abran perspectivas, señalen un
horizonte e identifiquen el sentido global de la actividad pública que han emprendido. Ahora bien, a este respecto no se
puede fingir durante mucho tiempo. Si Francia sigue respe-
tando al general De Gaulle, no es porque se crea que todas
sus iniciativas eran buenas, sino porque parecía ser un hombre que actuaba en nombre de un ideal, el bien común de su
patria, que estaba por encima de sus intereses personales.
Entre la política sometida a la utopía o a la moral y la que se
limita a gestionar los asuntos en curso, hay lugar para una
política que ofrezca un ideal que todos podamos compartir.
¿O son sólo las circunstancias de crisis y de guerra las que
hacen resurgir en los hombres estas cualidades de rectitud
moral?

Por lo demás, un valor escapaba a la división individualista: la propia democracia. Entre las dos guerras mundiales,
muchas veces la habían acusado de ser un régimen blando,
enzarzado en infinitas palabrerías parlamentarias. Fascismo y
comunismo se presentaban como soluciones de recambio, de
calidad superior. Nada de eso era ya posible en los años sesenta, pese a la popularidad del Partido Comunista francés y a la
efervescencia izquierdista de 1968. Tanto el partido como los
grupúsculos habían echado agua democrática en su vino uto-
pista. Al margen de los desacuerdos entre partidos políticos,
casi todos reconocían las insuficiencias de las sociedades
construidas según el modelo soviético, y se animaba y admi-
raba a los disidentes del Estado. La oposición al totalitarismo
podía considerarse un valor trascendente, común a todos, y
justificaba la adhesión al principio democrático.

Esta situación cambió a raíz de un acontecimiento imprevisible, aunque muy deseado, la caída del muro de Berlín, en noviembre de 1989, y durante los dos años siguientes el desmantelamiento de todos los regímenes comunistas tanto en la Europa del Este como en la Unión Soviética. Para sorpresa general, este importante cambio, este final de la guerra fría, se produjo básicamente sin derramamiento de sangre. Las fachadas de los regímenes anteriores se desmoronaron como castillos de naipes. La victoria de la democracia sobre el totalitarismo tuvo dos efectos. Por una parte, confirmó la derrota de las doctrinas que se erigían como rivales de la democracia y consagró la superioridad de este régimen. Además, al mismo tiempo el movimiento democrático llegó a otras partes del mundo, al sudeste asiático y a América latina. Pero, por otra parte, convirtió en anacrónica la justificación de la democracia por comparación con las dictaduras, totalitarias o militares. Al no tener ya enemigo ideológico, la democracia perdió una parte de su identidad, esa aspiración a determinados valores que destacaban por contraste.

Paradójicamente, el final de la guerra fría tuvo dos efectos parecidos al otro lado del antiguo telón de acero, especialmente en Rusia. El ideal comunista había sido una mera petición de principio, pero ilustraba la necesidad de vivir de acuerdo con un ideal. Se había presentado una ficción como si fuera una realidad cercana, y para gran parte de la población desempeñaba ese papel. Con la caída del imperio soviético se inició un doble proceso. Por una parte, la verdad sustituyó a la mentira, lo que permitió dejar atrás ilusiones y falsas excusas. Pero, por la otra, la nueva situación dejó fuera la referencia a valores trascendentes. Se creyó que vivir de acuerdo con un ideal era siempre y exclusivamente producto de la ingenuidad o de la hipocresía, que lo mejor era asumir el destino común, vivir en función del interés personal, intentar satisfacer los deseos inmediatos y aceptar que el dinero era la única llave de la felicidad. El primer efecto del cambio tenía que ver con el contenido de las representaciones colectivas, y el segundo, con la estructura propia de cada existencia.

El libro *El fin del hombre rojo*, de Svetlana Aleksiévich, capta bien estos dos efectos del cambio que sobrevino. Durante años, esta periodista entrevistó a representantes anónimos de la sociedad ex soviética, lo que le permite presentar un cuadro complejo y matizado de la angustia que se apoderó de esta población. La propia autora describe así la naturaleza del cambio: «Estábamos dispuestos a morir por nuestros ideales. A luchar por ellos [...] Todos los valores se desmoronaron salvo los de la vida. De la vida en general. Los nuevos sueños son construirse una casa, comprarse un coche bonito y plantar groselleros [...] Ya nadie hablaba de ideales. Hablábamos de créditos, de porcentajes y de letras de cambio. Ya no trabajábamos para vivir, sino para "hacer" dinero, para "ganar" dinero». Los valores se han refugiado en el ámbito privado, y tienen sobre todo que ver con la vida material. Un hombre explica a la periodista: «Durante más de setenta años, nos repitieron machaconamente que el dinero no da la felicidad [...] Pero bastó con proclamar desde lo alto de una tribuna: "¡Comerciad, enriqueceos!", y lo olvidamos todo». Una mujer añade: «Ahora ya no se puede hablar con nadie de cosas espirituales, aparte de con los popes [...] ¿Cuál es nuestro ideal, aparte del salchichón?».[1] Ya no se prohíben los discursos religiosos, pero son un tema personal. A muchos de estos testigos les da la impresión de que han pasado de Caribdis a Escila. El pasado era terrible (los recuerdos de la violencia totalitaria siguen frescos), pero el presente está vacío, y todas las aspiraciones humanas han quedado sustituidas por el frenesí consumista. En el mundo de los valores hemos pasado del espejismo comunista al desierto capitalista.

1. Svetlana Aleksiévich, *La Fin de l'homme rouge*, Arles, Actes Sud, 2013, pp. 22-23, 44, 70-71. Si no se indica otra cosa, el lugar de publicación de las obras citadas es París.

El cambio es menos espectacular en el mundo occidental, ya que el papel del ideal –aunque fuera falso– no estaba tan hipertrofiado, pero sigue una trayectoria similar. La rivalidad entre los dos adversarios, democracia y totalitarismo, era un acicate para las virtudes políticas. En su ausencia, el espacio público se vació todavía más de sus valores y los relegó, en el mejor de los casos, exclusivamente a la vida privada. Este cambio incomodó a muchas personas, en especial a algunos militantes de extrema izquierda, que reorientaron sus energías hacia la acción humanitaria, hacia organizaciones no gubernamentales como Médicos Sin Fronteras y Médicos del Mundo. De esta manera, la vida pública recuperaba el contacto con el mundo de los valores. Sin embargo, esta actividad de asistencia y de ayuda –que anteriormente representaba la Cruz Roja– no tardó en parecerles insuficiente. Algunas veces el sufrimiento de poblaciones lejanas respondía a causas naturales, terremotos, inundaciones o erupciones volcánicas, pero con más frecuencia lo habían provocado iniciativas humanas: guerras, dictaduras o persecuciones. Entonces se puso de manifiesto que para ayudar a las víctimas de los desastres no bastaba con limitarse a proporcionar medicamentos y comida, sino que había que neutralizar las causas humanas inmediatas, defender los derechos humanos y el régimen democrático, si era preciso por la fuerza. El hundimiento de la superpotencia soviética dejó el campo libre a intervenciones de la superpotencia estadounidense y de sus aliados. Occidente recuperaba un ideal trascendente, al menos en política exterior: promover la democracia y los derechos humanos en todo el mundo. Ya no se trataba de socorrer, sino de curar, es decir, de corregir los modos de vida que consideraban responsables de esas deficiencias.

La opción de llevar el bien a los demás, si es necesario mediante la fuerza militar, se inscribe en un esquema de mesianismo político muy habitual en Occidente, cuyas manifestaciones anteriores fueron, en el siglo XIX, el colonialismo (llevar la civilización superior a los que no la conocían y liberarlos de sus costumbres primitivas), y, en el siglo xx, el comunismo en su versión soviética (crear en todas partes la sociedad ideal). A los ideólogos que promovieron la nueva forma de política impregnada de valores se les llamó, paradójicamente, neoconservadores (cuando son hostiles al conservadurismo), y proceden tanto de la izquierda como de la derecha política. Las acciones que resultan de ellos recibieron denominaciones cambiantes, ya que no tardaron en considerarse eufemismos de una realidad que no quiere decir su nombre. Así, «derecho de injerencia» (en la que la palabra *derecho* adopta el mismo significado que en la expresión «el derecho del más fuerte»), «responsabilidad de proteger» (que permite intervenir militarmente en un país extranjero para eventualmente derrocar al gobierno y sustituirlo por otro) o «misión para garantizar la seguridad mundial», reivindicada por los presidentes de Estados Unidos (una misión que deriva de su superioridad militar). Estas intervenciones, que, desde el final de la guerra fría, constituyen la mayoría de las acciones militares que emprenden las potencias occidentales, reciben también denominaciones formadas por alianzas de palabras de significado contrario, como «guerras humanitarias» o «militarismo democrático».

Sin embargo, las intervenciones no han conseguido el resultado deseado. Los países que las han sufrido, ya sea Irak, Afganistán o Libia, no se han convertido en democracias ejemplares, ni en campeones de los derechos humanos. La razón es sencilla: la guerra es un «medio» tan poderoso y devastador que anula los nobles objetivos que la habían motivado. La destrucción de personas y bienes no es menos dolorosa cuando se supone que las bombas caen del cielo para defender el bien. Y lo que es peor, la guerra da a la población que la sufre un ejemplo de violencia muy alejado de los valores democráticos o humanitarios que se reivindican. A consecuencia de estas intervenciones, las razones para atacar objetivos occidentales no se han debilitado, sino que se han multiplicado, y pueden encontrarse incluso en las poblaciones inmigrantes de los propios países occidentales.

También en estos países occidentales se producen efectos negativos. En nombre de la lucha contra un enemigo implacable, los gobiernos están dispuestos a legalizar la tortura y a limitar las libertades civiles de las que gozan los ciudadanos. Además, cuando un gobierno declara una guerra, empuja a su población a unirse a él, lo cual acalla las críticas y elimina las dudas y los matices. En 2014 la inmensa mayoría de la población rusa estuvo de acuerdo con las intervenciones rusas contra Ucrania, la población israelí con las intervenciones contra los palestinos, y la población francesa con las intervenciones contra el Estado Islámico. Raramente se empatiza con el punto de vista del adversario. La guerra supone una escuela de maniqueísmo. Las intervenciones occidentales en curso no son una excepción a la regla. Nuestro pueblo es un apasionado de la libertad y defiende la dignidad humana, dicen los dirigentes de los países que causan la guerra, pero nuestros enemigos sólo saben sembrar la muerte, violar y decapitar. Nuestros muertos tienen una familia que llora por ellos, pero los suyos son cifras y abstracciones. Pero ¿estamos seguros de que «nosotros» nos comportamos siempre de manera civilizada, mientras que «ellos» representan la barbarie? Las víctimas no desaparecen por el hecho de que las describamos como consecuencia de «atropellos» o de «daños colaterales». Nuestros drones matan simultáneamente a combatientes y a sus vecinos. ¿Son una respuesta a las ejecuciones de rehenes que difunden en internet? Son ellos los que mantienen discursos inflamados, pero, llegado el caso, nosotros estamos dispuestos a pegar fuego a su país. Es difícil demostrar que intervenciones de este tipo ilustran los valores morales que defendemos, y no nuestros intereses.

Si atendemos a los asuntos internos de las democracias liberales, tampoco encontramos demasiada relación con un ideal elevado. Empezando por lo más banal, la acción de sus dirigentes queda comprometida si nos damos cuenta de que utilizan su posición pública para obtener favores personales, para beneficiar a sus familiares y amigos a cambio de otros

servicios o para cualquier otra forma de corrupción. Sabemos que muchos políticos, en Francia y en otros países, se
han visto implicados en diversos delitos más o menos graves, que van desde ocupar una vivienda en principio reserva-
da a familias humildes hasta el fraude fiscal, pasando por el
favoritismo con familiares o amigos acomodados que a
cambio podrán prestarles servicios. Otros son inculpados
por comportamientos ilícitos. Pero incluso cuando no cometen delitos, la mayoría de los políticos está muy por detrás de lo que se espera de ellos. A menudo da la impresión
de que sólo les mueve la voluntad de conquistar y mantener
el poder, o parecen no pensar más que en la rivalidad con
otros dirigentes de su partido o con sus adversarios políticos, o sólo les interesa la eficacia de las medidas que pro-
ponen, cuando nos gustaría creer que los anima un cierto
ideal, que tienen un objetivo más elevado que el equilibrio
presupuestario o la reducción del déficit (aunque sean indispensables). El espectáculo que ofrecen durante las campañas
electorales, cuando se sienten obligados a hablar lo peor posible de sus rivales, tampoco contribuye a realzar su imagen.
    El efecto de estos comportamientos es la falta de conside-
ración general por las élites políticas, la degradación de las
funciones que asumen, la creciente indiferencia de la población por los asuntos públicos y en último término el rechazo
de las formas que adquiere la vida política, lo que a su vez
favorece a los enemigos de la democracia y de la moral. El
Estado (y por lo tanto la solidaridad nacional) está ya debilitado por la globalización, que sustrae a su control buena
parte de la actividad económica del país. La insuficiencia de
las élites le da otro golpe. Si la democracia no es más que
una fachada que mantiene en pie el ritual de las elecciones,
que se repite cada equis años, mientras que el resto del tiempo el país está dirigido por una oligarquía político-económi-
ca, a la población le costará movilizarse para defenderla.
    Llegados a este punto, podríamos preguntarnos si de ver-
dad la vida privada ha conservado una viva relación con los
valores. Desde hace ya varios siglos se pone en duda esta

conexión. Hace doscientos cincuenta años, Jean-Jacques Rousseau se quejaba de que aquellos de sus contemporáneos a los que llamaban «filósofos» (pensaba en Diderot y sus amigos) defendieran una visión del mundo que no dejaba el menor espacio a la preocupación por el bien común: «A saber, que el único deber del hombre es seguir en todo momento las inclinaciones de su corazón». Diderot no firmó esta frase, pero escribía en sus *Tablettes*: «Hay que estar contento con la tendencia de la propia naturaleza, ésta es toda mi moral».[1] Si creemos lo que dice, el único valor respetable sería ser fiel con uno mismo, el individuo sólo tendría obligaciones consigo mismo, sin la menor consideración con los efectos que sin duda sus actos producen en sus semejantes.

A veces se dice que, desde esta época lejana, la audacia de algunos –la emancipación de los imperativos morales– se convirtió en moneda corriente o incluso en un signo de progreso. Antaño esta pulsión, buscar sólo la satisfacción de los propios deseos, topaba con los frenos impuestos por la sociedad. Hoy en día al parecer esos frenos se han debilitado, si no eliminado. Recordemos que las religiones tradicionales han relajado su influencia sobre los individuos, y que las familias ya no cultivan las virtudes de la abnegación y la solidaridad. Esta tendencia volvió a acelerarse con la caída del muro y el triunfo del pensamiento neoliberal. El final de la guerra fría trajo consigo la relajación de las fidelidades a los ideales, en adelante el desarrollo económico se mide en función del éxito económico, y la lógica del mercado se extiende a todas las dimensiones de la vida. Por lo demás, la propia palabra *moral* tiene una connotación negativa, es necesariamente represiva y retrógrada, y queda bien asegurar que nos hemos liberado de ella. Nos sometemos en última instancia a un código personal, establecido con el paso de los años, no a deberes impuestos por la comunidad.

1. *Les Confessions*, IX, en *OEuvres complètes*, Gallimard, Bibliothèque de la Pléiade, t. I, 1959, p. 468; la cita de Diderot en *ibid.*, p. 1499. [Traducción española: *Las confesiones*, múltiples ediciones.]

¿Es correcto este diagnóstico? Creo que responde más a la representación que se hace la sociedad de su vida moral que a la vida moral en sí. La moral ha abandonado los discursos, no los comportamientos. Por supuesto, a este respecto los individuos varían entre sí, no faltan los gestos narcisistas o egocéntricos, justificados por la exigencia de honestidad o de intensidad de la experiencia, pero ¿cómo no darse cuenta de que, junto a ellos, muchísimas personas siguen actuando teniendo en cuenta el principio moral básico formulado así por Emmanuel Levinas: «El único valor absoluto es la posibilidad humana de dar prioridad al otro sobre uno mismo»?[1] No lo convierten en una doctrina, no se enorgullecen de ello, pero evidentemente para ellas decir «esto revierte en mi propio interés» o «éste es mi deseo» no basta para ennoblecer una acción. Saben que el ser humano no termina en los límites de su cuerpo, sino que incluye la relación con los demás. No piensan que todos los valores son de naturaleza económica y dan más valor a las relaciones humanas que a la acumulación de bienes muebles e inmuebles. Los valores de amor, tolerancia y compasión no dependen de la fe ni de una religión concreta.

Para finalizar esta visión general necesariamente sucinta, parece que en Francia, en un contexto muy diferente del de los países comunistas de la Europa del Este, el lugar de la moral en la vida pública es también problemático. Si intento situar mi propia manera de comportarme en este nuevo marco, me doy cuenta de que, en un primer periodo, que duró unos quince años, seguí viviendo con una consciencia que se había formado en mi país de origen, y en mis intervenciones públicas me abstenía de aludir a los valores que defendía. Sin embargo, mi relación con el mundo evolucionó progresivamente. Tras nacionalizarme francés, en 1973, y tras el nacimiento de mi primer hijo, un año después, me sentía cada vez más integrado en la sociedad francesa y sa-

---

1. *Entre nous*, Grasset, 1991, p. 119. [Trad. esp.: *Entre nosotros: ensayos para pensar en otro*, Valencia, Pre-Textos, 2000.]

bía que ninguna prohibición impedía expresar públicamente ideas y valores. Empecé a trabajar sobre temas sociales y políticos, defendía determinados valores y criticaba otros. Al mismo tiempo quedaba cierta huella de mis antiguas reticencias, así que me limitaba a mencionar estas cuestiones en mis escritos, pero no me implicaba personalmente en ninguna acción concreta (y no lo lamento). ¿Era porque el temor a la autoridad, o a los que la representan, no me había abandonado del todo?

Así pues, éstas son las dos situaciones (de las que soy consciente) que me empujaron a enfrentarme a mi actual tema moral y político: me interesan esos resistentes pacíficos que, en los países comunistas, fueron los disidentes, y las formas de moral que, en una democracia liberal, pueden desempeñar un papel activo en la vida pública.

Para concretar algo más mi tema, decidí detenerme en un solo segmento de este amplio ámbito, las situaciones dramáticas en las que una gran fuerza negativa domina la vida social y política del país, y en las que se impone una pregunta: ¿cómo reaccionar? El rasgo común de todos los personajes cuyo destino relato es que se negaron a someterse dócilmente a la coacción, que son *insumisos*. Esta decisión tiene una vertiente negativa, significa el rechazo de una coacción impuesta por la fuerza o aceptada en silencio por la mayoría de la población. Pero ese rechazo está indisolublemente unido a un compromiso positivo, la insumisión es a la vez *resistencia* y afirmación. Es un doble movimiento permanente, en el que el amor a la vida se mezcla inextricablemente con el odio a lo que la infecta. Resistir significa, ante todo, una forma de lucha que uno o varios seres humanos libran contra otra acción, física y pública, que llevan a cabo otros humanos. Por lo tanto, se trata necesariamente de una segunda iniciativa, de una reacción opuesta al mal que se ha instalado en la sociedad. Además, el insumiso no es un conquistador, no aspira a instaurar otra forma de dominio, no pretende construir una sociedad ideal. Su compromiso es puntual. Pretende sobre todo rechazar la fuerza que quiere someterlo. Por último, el empleo de estas palabras implica que el grupo que resiste dispone de medios inferiores a los de su adversario. Por estas razones, los luchadores en cuestión no se implican en el campo de batalla, donde los vencerían rápidamente. A nadie se le ocurriría llamar resistentes a los soldados de Napoleón que invadieron Europa, ni a los soldados rusos e ingleses que se enfrentaban a ellos obedeciendo las órdenes de su patria. Por el contrario, los civiles italianos y españoles, insumisos, emprenden un movimiento de resistencia contra los invasores. En la Segunda Guerra Mundial hablamos de insumisión y de resistencia en los territorios ocupados por los alemanes, no en el caso de los militares que atacan al Reich desde Londres. Gandhi es un insumiso, un resistente, no el virrey británico. Son los débiles los que, sin odio ni violencia, se oponen a los fuertes, a los que detentan el poder. Debido a esta posición de debilidad y a los medios a los que en ocasiones recurren, puede suceder que, al menos durante cierto tiempo, se califique a estos insumisos de «terroristas». No luchan como guerrilleros, pero adoptan técnicas de guerrilla. Por otra parte, el significado de estos términos es lo suficientemente amplio como para aludir a formas de insumisión diferentes, algunas violentas y otras no. La resistencia no es necesariamente militar.

«Insumiso» se entiende también en otro sentido, ya no por oposición a un enemigo más poderoso, sino en relación con fuerzas impersonales que actúan en nosotros. Decimos así que nos negamos a someternos y que resistimos a la tentación, o a nuestras pasiones, o a la facilidad, o a la intolerancia y al resentimiento que sentimos crecer dentro de nosotros. La yuxtaposición de estos dos sentidos, colectivo y externo en un caso, individual e interno en el otro, suele resultar esclarecedora.

La presente investigación tratará de un tema todavía más limitado, de una forma concreta de resistencia política. Los

que la llevan a cabo poseen algunos rasgos en común, aunque
intervienen de maneras diferentes según sean simples insumisos, disidentes o militantes clandestinos. Así, contra la
opresión que sufren, reivindican un valor trascendente y
ellos mismos poseen una virtud moral. Sus medios no son
violentos, consisten básicamente en afirmar con perseveran-
cia lo que consideran verdadero y justo.

Antes de seguir avanzando debo añadir que mi decisión
de observar sólo este tipo de comportamiento, a mi modo de
ver loable, en ningún caso significa que lo considero una
característica principal de la especie humana, que pone de
manifiesto las tendencias profundas de mis contemporáneos
o de mí mismo. Tanto los individuos como los grupos suelen
obedecer a la lógica de las represalias, responden al mal con
el mal, si es posible con un mal mayor. ¿Quién no ha cedido
a la tentación, al menos mentalmente, de hacer sufrir al que
le ha hecho sufrir? Haber sido víctimas de violencias y de
agresiones no garantiza que mañana no nos convirtamos en
agresores violentos, y en la mayoría de los casos nos incita a
ello. Asimismo, lo más probable es que, frente a la opresión
o a la injusticia, la tendencia natural de la mayoría de nosotros sea someterse y esperar a que pase la tormenta. En lo
que a mí respecta, no estoy seguro de estar totalmente libre
de esta pulsión de venganza y de medidas de represalia, ni de
tener siempre las fuerzas y el valor de oponerme a lo que me
indigna. Lo que creo es que es posible escapar de estos ins-
tintos primarios de facilidad y que, se mire desde donde se
mire, es deseable. Mencionar el ejemplo de los que optaron
por esta vía quizá ayude a que los demás, nosotros, sigamos
durante algún tiempo su opción.

Las personas cuyo itinerario he querido observar y cuya
historia he querido contar ven cómo su virtud moral se
transforma en instrumento político y se apoyan en sus cualidades individuales para intervenir en el ámbito público. Se
trata aquí no de una política dominada por la moral, ni de
una moral sometida a objetivos políticos, sino de actos morales individuales que se convierten en elementos de la vida

política. Estas intervenciones no son resultado de una decisión consciente de la voluntad, sino que proceden de una
reacción visceral y no pensada. La forma de ser de cada uno
puede decidir llevar a cabo una acción u otra, pero no podemos elegir nuestra forma de ser. Frente a la injusticia, a la
opresión y al terror, estas personas se oponen no recurriendo a una violencia equivalente, no responden al mal con el
mal, sino que desplazan el enfrentamiento a otro plano. De
esta manera, escapan del maniqueísmo y de la confrontación violenta, del deseo de aniquilar al enemigo. Intentan
también situarse más allá tanto de la imitación de los demás
como de la rivalidad con ellos. Esta forma de insumisión
puede conllevar resistencia física y de lucha, pero en muchos
casos la primera se libera de la ayuda de la segunda e incluso
resulta ser más eficaz que ella.

Los ejemplos que he seleccionado remiten a tres situaciones de crisis observadas en el pasado reciente o en el presente. En primer lugar, la ocupación alemana de países europeos, acompañada por la persecución de los judíos y por la
brutal represión de toda veleidad de autonomía. La ilustran
los destinos de dos mujeres, Etty Hillesum en Holanda y
Germaine Tillion en Francia. A continuación, el régimen
comunista en la Unión Soviética, observado a través del destino de dos escritores que representan el espíritu de disiden-
cia, Borís Pasternak y Aleksandr Solzhenitsyn. Por último,
más cerca de nosotros, varios casos que no surgen ni de una
situación de guerra, ni de una dictadura totalitaria, sino que
tienen que ver con la desigualdad instaurada entre dos partes de la población: la guerra de Argelia, de nuevo a través
de la experiencia de Germaine Tillion; el régimen de apartheid, con el destino de Nelson Mandela como hilo conductor; la discriminación racial en Estados Unidos, evocada
mediante el ejemplo de Malcolm X, y el conflicto entre israelíes y palestinos, en el que me limito a la actividad de un
militante israelí por la paz y los derechos de los palestinos,
David Shulman. A ella se añade el caso de Edward Snowden, que denuncia al gobierno de su propio país.

Estos personajes diversos poseen algunos otros rasgos en común, en concreto todos ellos están implicados en la acción y a la vez en la reflexión, en la práctica y en la teoría. Actúan en la vida pública y al mismo tiempo escriben textos o pronuncian discursos públicos. Sin embargo, adoptan actitudes diferentes, y en ocasiones sus opciones son incompatibles. Algunos se identifican con una religión establecida (el cristianismo o el islam), como Hillesum, Pasternak, Solzhenitsyn y Malcolm X; otros, aunque marcados por tradiciones religiosas, se sitúan en el marco de una espiritualidad laica: Tillion, Mandela y Shulman; en cuanto a Snowden, defiende de entrada una visión libertaria del mundo. Sus modos de actuación no convergen hacia una matriz común, y por eso, en lugar de construir un modelo abstracto, he decidido atenerme a los relatos de su vida para preservar la singularidad de cada uno de ellos. Sus nombres son más o menos conocidos, pero sus opciones éticas no han recibido toda la atención que merecen.

Etty Hillesum

EL AMOR AL MUNDO

La primera persona cuyo itinerario quisiera esbozar ocupa una posición extrema en el abanico de opciones posibles frente a la violencia y la agresión. El marco de su acción es Holanda durante la Segunda Guerra Mundial, en concreto en el momento en que se empezó a perseguir a los judíos. Su posición es extrema porque renuncia deliberadamente a toda respuesta política, incluso a toda acción que pudiera situarse en el mundo exterior, y sólo aspira a una reacción de tipo moral que consiste en su propia transformación interior, y, en un segundo momento, en ayudar individualmente a los perseguidos. Es un personaje excepcional también en otro sentido: representa una elevada espiritualidad, que evoca las categorías de la santidad y del éxtasis místico en contacto directo con lo divino, y a la vez una cálida presencia carnal. Se llama Etty Hillesum. Al leer sus diarios y sus cartas, que constituyen la totalidad de su obra,[1] siento –y no soy el único– una sensación tan fuerte de introducirme en su intimidad que en adelante me permito llamarla por su nombre de pila, una práctica que en otros casos me disgusta. Me propongo acompañarla durante los dos últimos años y medio de su corta vida, 1941-1943, teniendo en cuenta los

1. Todas las citas remiten a la fecha de la entrada del diario o al número asignado a la carta en la edición francesa *Les Écrits d'Etty Hillesum, Journaux et lettres 1941-1943*, traducción de Philippe Noble, Seuil, 2008.

acontecimientos o trances por los que pasa y a la vez sus reflexiones, con las que intenta afirmar su visión del mundo y dar sentido a su vida.

Etty nació en 1914 en el seno de una familia judía que, por parte de padre, llevaba mucho tiempo en Holanda. Estudia derecho, pero en la universidad aprende también lengua y literatura rusas (el ruso es la lengua materna de su madre). Vive en Ámsterdam, en casa de un contable, Han, que le ha pedido que se ocupara de la limpieza y también se ha convertido en su amante (es treinta y cinco años mayor que ella). Se gana la vida enseñando ruso.

En mayo de 1940 el ejército alemán invade Holanda. El conflicto sólo dura unos diez días. En principio, los nuevos amos del país consideran que la población holandesa es racialmente próxima a los alemanes, de modo que la tratan con relativa deferencia, pero los judíos se convierten de inmediato en blanco de discriminaciones y persecuciones. Desde junio de 1940 los expulsan de los servicios de defensa civil. En noviembre de ese mismo año son apartados de la función pública, medida que afecta al padre de Etty, maestro de escuela. En febrero de 1941 el *numerus clausus* limita la cantidad de alumnos judíos de la universidad.

En este momento concreto Etty conoce a alguien que cambiará el curso de su vida. La joven asiste a una sesión organizada por Julius Spier, judío alemán que ha emigrado a Ámsterdam, que realiza una modalidad de cura analítica más o menos inspirada en Jung y llamada «quirología». Empieza leyendo las líneas de la mano y continúa, en especial en el caso de las pacientes jóvenes, luchando cuerpo a cuerpo. Etty se enamora de este hombre (en ese momento ella tiene veintisiete años, y él, cincuenta y cinco), lo que la anima a escribir un diario. La función del diario es en primer lugar acoger, cual discreto confidente, los sentimientos que la inundan (un lugar en el que el autor puede «exponer lo más hondo de su corazón», 9.3.41). Spier es, con diferencia, el personaje principal del diario. Etty seguirá escribiendo durante un año y medio (aunque varios cuadernos se perdieron).

El último año de su vida sólo aparece en sus cartas (se han conservado unas setenta).

Además de ser el confidente de sus sentimientos amorosos, el diario desempeña otros dos papeles: se convierte en el lugar en el que analiza su ser y su visión del mundo, y al mismo tiempo en el terreno de pruebas de su actividad literaria. La mayor parte del tiempo Etty habla de esta actividad con ironía, se burla de sus aspiraciones a convertirse en una gran novelista, de sus sueños de ser una literata famosa y de su vida interior, de la que seguirá dejando huella en las futuras «obras maestras que creo que voy a escribir» (22.10.41). Pero eso no le impide tomarse esta vocación totalmente en serio, volver a su diario varias veces al día, pensarse ante todo como una mano que escribe y afirmar con certeza: «Algún día seré escritora» (26.5.42). No se equivoca. Su talento es indiscutible, y algunas de sus páginas no tienen nada que envidiar a las más grandes obras maestras de la literatura. Aunque sus escritos tratan de su propio destino, no merece el reproche de egocentrismo que se hace a sí misma. En ella se refleja el mundo que la rodea y que se ha propuesto entender y representar. Pero es cierto que, en un primer momento, no se detiene en el mundo exterior, de manera que durante el primer año de su diario son escasas las menciones a la ocupación alemana y a sus consecuencias.

Lo que suele captar su atención es la relación con Spier y la imagen que tiene de sí misma. Combina cierta libertad sexual (no deja de vivir con Han) con lo que ella llama un ilimitado amor por Spier. Este hombre no sólo la atrae, sino que también la influencia profundamente, hasta el punto de que, para señalar el primer aniversario de la relación, anota en su diario: «3 de febrero, he cumplido un año» (20.2.42). Cuando los rumores de deportación se vuelven insistentes e imagina la de Spier, dice estar dispuesta a casarse con él para poder seguirlo a los campos de concentración de Polonia. Y cuando cae enfermo, anota que sin él se moriría.

También bajo su influencia decide dedicar su tiempo y sus esfuerzos a autoanalizarse. Inspirándose en sus enseñanzas, que a su vez siguen la tradición individualista moderna, representada de forma diferente por autores como Ibsen, Nietzsche y Oscar Wilde, decide sumergirse en sí misma, escucharse a sí misma y observarse con atención... al menos media hora al día. Sueña con vivir en un mundo que le sea propio y en el que pueda ser el centro. Spier también le ha enseñado que siempre debe ser fiel a su ser profundo. Ella aspira a ser autosuficiente y a encontrar en sí los criterios para evaluar sus actos. Lo más importante para ella es su reino interior.

Al mismo tiempo, y siempre bajo la influencia de Spier, Etty no quiere limitarse al autoanálisis y al amor a un solo hombre. El amor al individuo debe convertirse en lo que los cristianos llaman «amor al prójimo», es decir, a personas que no necesariamente conocemos o por las que no sentimos la menor simpatía. Incluso, inspirándose más en Nietzsche que en Cristo o san Pablo, en un amor a la vida que trasciende la categoría de lo humano. El amor más bello es el que se extiende al mundo entero. De ahí la siguiente conclusión: «Por querida que sea una persona, nunca hay que considerarla nuestro objetivo en la vida [...] El objetivo es la vida misma en todas sus formas. Y todo ser humano es un mediador entre nosotros y la vida» (15.6.42).

Etty está totalmente de acuerdo con esta exigencia, y para ponerla en práctica emprende un trabajo consigo misma, lo que de alguna manera se contradice con el programa, porque condena el ser que es en nombre de un deber-ser que responde a una moralidad superior. En concreto, Etty quiere tomar distancias respecto de lo que ha heredado por su condición de mujer, ya que tradicionalmente las mujeres han buscado más el afecto a individuos –sus compañeros, sus hijos y sus padres– que a abstracciones como el arte, la ciencia, la humanidad y la vida. Piensa que si las mujeres quieren de verdad emanciparse, convertir su condición de hembras en sencillamente seres humanos, deben superar esta forma de amor. En su lugar deben cultivar el amor cósmico, el amor a todo lo que Dios ha creado. Esta aspiración en ocasiones le lleva a pensar que debería entrar en un convento, pero, como la atracción que siente por las personas y por el contacto sensual sigue siendo muy fuerte, elige vivir «en el mundo y entre los hombres» (25.11.41). Aunque cree en este ideal, sabe que está lejos de representarlo, porque acaba de enamorarse de un hombre concreto... que defiende la idea del amor universal, es cierto. En su diario, se hace frecuentes reproches y se exige a sí misma hacer un esfuerzo de voluntad y de seguir más de cerca los preceptos que ha adoptado.

Por lo tanto, este ideal le viene de fuera, de Spier. Antes de conocerlo, su visión del mundo era mucho más negativa. «Creo que la vida es un largo calvario, y que los hombres son seres muy desgraciados», escribe, y de ahí saca las consecuencias para su comportamiento. Rechaza la idea de tener hijos y de escribir libros. De este estado de depresión y de condena del mundo pasa, un poco como el poeta Rilke, al que admira enormemente, a una visión extática del mundo. A pesar de todo lo que sucede, de todo el sufrimiento que observa a su alrededor y de todas las humillaciones que también ella sufre, se empeña en proclamar que la vida es buena y bella, y que está llena de sentido. Las cosas, por el mero hecho de existir, suscitan admiración y gozo. Como Spinoza, Etty podría decir que realidad y perfección son lo mismo. «La vida es buena, sea cual sea» (7.8.41).

Así, el amor que Etty quiere poner en práctica va más allá de los seres humanos y se amplía a todo lo que existe. Un día, volviendo a su casa, se detiene al borde de un canal. «Miré a lo lejos la superficie del agua, me fundí con el paisaje, deposité toda mi ternura en la noche y se la entregué al cielo estrellado, al agua y al pequeño puente» (25.4.42). Ama del mismo modo las flores y los árboles. Abandona la sociedad y sus normas en favor de la armonía cósmica, lo que la convierte en inmensamente rica. Se da también la siguiente consigna, siempre en forma imperativa: «Hay que volverse tan sencillo y tan mudo como el trigo que crece o la lluvia que cae. Hay que contentarse con *ser*» (9.7.42).

Si el amor es universal, no debe aplicarse exclusivamente
a los seres o a las experiencias agradables. Es preciso aceptar
e incluso aprobar los sufrimientos tanto como las alegrías,
y la muerte tanto como la vida. Este amor es la aceptación
de la totalidad de la existencia. Se pone a prueba en las circunstancias concretas que forman el marco de vida de Etty,
a saber, la política de los nazis respecto de los judíos en los
países ocupados. En este punto, Etty lanza un mensaje que
la diferencia de la mayoría de sus compañeros de infortu-
nio, pero también se mantiene fiel a las enseñanzas de Spier,
que, aunque le afectan directamente las nuevas leyes discriminatorias, se niega a culpar a todo el pueblo alemán de las
medidas que han decidido unos cuantos nazis. Incluso ante
el oficial de la Gestapo que lo hizo llamar, sólo desea dar
testimonio de su propia bondad. Cree que si sigue siendo
belevolente incluso con quienes desean su mal, podrá ser útil
políticamente.

Etty está totalmente de acuerdo con este punto de vista.
Al haber emprendido un trabajo interior de naturaleza moral, dirige sus exigencias ante todo a sí misma. En medio de
la descripción de su nuevo amor descubrimos de repente dos
páginas brillantes en las que critica duramente el odio de los
demás. Las agresiones sufridas no justifican la animosidad
que sentimos hacia los agresores. Quisiéramos acabar con
ellos, pero en realidad nos destruimos a nosotros mismos.
«El odio salvaje que sentimos por los alemanes vierte veneno en nuestros corazones» (15.3.41). Podemos condenar
sus ideologías, indignarnos ante un hecho u otro, pero debemos negarnos a someternos a nuestras pulsiones destructi-
vas, a odiar a los individuos, y menos aún a los pueblos. «Lo
único criminal es el sistema, que utiliza este tipo de categorías» (27.2.42). Añade: «Nada es peor que este odio global, que no hace diferencias. Es una enfermedad del alma»
(15.3.41). «Nada», ni siquiera las persecuciones que han
provocado ese odio. Esta jerarquía supone que los nazis que
ponen en práctica la política antisemita no sienten un odio
generalizado por los judíos, y al mismo tiempo que, en el

plano moral, los sentimientos, aunque no tengan consecuencias, pesan tanto o más que los actos realizados. La condena de Etty a los alemanes que persiguen a los judíos no es tan dura como la que dirige a sus compatriotas por el odio que confiesan sentir por los alemanes. Incluso cuando la reacción no es peor que la acción, debemos suspenderla, porque en caso contrario corremos el riesgo de parecernos a aquellos a los que condenamos. «La barbarie nazi despierta en nosotros una barbarie idéntica, que emplearía los mismos métodos si tuviéramos el poder de hacer lo que queremos» (15.3.41). El mal que causamos no puede excusarse con el pretexto de ser la respuesta a otro mal. Pero no podemos evitar preguntarnos: ¿de verdad son idénticas las dos barbaries?

Al no estar de acuerdo con los que proclaman que hay que exterminar a todos los alemanes, o en todo caso luchar contra ellos sin piedad, corre el riesgo de parecer una mala patriota o una antifascista muy tibia. En una discusión con sus compañeros, les recuerda la similitud de ambas acciones, aquella de la que somos objeto y aquella de la que nos convertimos en sujeto. El enemigo es el espejo en el que nos vemos a nosotros mismos. «La maldad de los otros está también en nosotros. Y no veo otra solución, realmente ninguna otra, que regresar a ti mismo, a tu propio centro, y extirpar del alma toda esta podredumbre. Ya no creo que podamos corregir cualquier cosa del mundo exterior que no hayamos corregido antes en nosotros» (19.2.42). La oposición no se da entre ocupantes y población sumisa, alemanes y holandeses, sino entre los que viven en el odio y los que se han liberado de él. Etty describe así a un miembro de la administración judía del campo: «Siente por los que nos persiguen un odio que supongo fundado. Pero él mismo es un verdugo. Sería un comandante modelo de un campo de concentración» (23.9.42).

El trabajo moral sobre uno mismo debe preceder y orientar la acción política que apunta a los demás, porque si no, en lugar de destruir el mal contra el que luchamos, corremos el riesgo de consolidarlo. «Tenemos tanto que cambiar en nosotros mismos que ni siquiera deberíamos preocuparnos de odiar a los que llamamos nuestros enemigos» (23.9.42). La venganza no elimina el mal, sino que lo reproduce y lo eterniza. Debemos abstenernos de imitar el odio del que hemos sido objeto o, mejor aún, convertirlo en amor, del que Etty posee reservas inagotables. La acción que ejercerá en el mundo se prepara en ella mediante la purificación interior. O, si el amor es imposible, podemos sustituirlo por la compasión. Son los dos sentimientos que Etty siente crecer en ella frente a la adversidad. Así, en un principio imagina una escena en la que un SS enloquecido le diera patadas. En ese caso se limitaría a preguntarle qué acontecimientos de su vida lo han hecho tan hostil a la humanidad. Más tarde, cuando se ve frente a un empleado de la Gestapo, éste no la golpea, pero no deja de maltratarla. Reacciona sintiendo la necesidad de hacerle esta otra pregunta: «¿Tan desgraciada ha sido tu infancia o es que tu novia se fue con otro?» (27.2.42). En lugar de imitar su actitud, intenta entenderla.

En cierto sentido, podemos comparar las opciones de Etty con las que defiende –desde hace ya varias décadas– Gandhi en la India (Etty no lo nombra, pero le gusta mucho Tolstói, una de las fuentes de inspiración del militante indio). Gandhi se niega a incitar al odio al pueblo inglés, al que se considera responsable de la deplorable situación de los indios: «Jamás podré suscribir la afirmación de que todos los ingleses son malos». Gandhi ha extraído de esa situación un nuevo tipo de resistencia, pasiva o pacífica, opuesta a la lucha armada: «Quien no lleva odio en el corazón no lleva espada en la mano». El individuo no violento se niega a infligir el mal para conseguir el bien, «para salvar a uno no debe ejercer violencia sobre el otro».[1] Eso no quiere decir que aceptemos la represión de la que somos objeto. El insumiso protesta, pero acepta el castigo previsto por la ley.

---

1. Gandhi, *Hind Swaraj, l'émancipation á l'indienne* (1909), Fayard, 2014, pp. 73, 161, 117.

Y la fuerza del alma de la que da muestra puede, por iman-
tación y por imitación, llevar a su adversario a cambiar de
actitud.

Sin embargo, entre estos dos partidarios de la no violencia hay muchas más diferencias que similitudes. Debemos decir que no persiguen el mismo objetivo. Gandhi
se implica en una estrategia para derrocar el poder colonial, mientras que Etty se limita a un proyecto puramente
individual. Etty en ningún caso comparte el rechazo gand-
hiano de todos los frutos de la civilización occidental, de
todas las máquinas (incluidos los trenes y los tranvías),
de la medicina y de la educación. Por su parte, en Gandhi
no encontramos el amor al mundo, que es el punto de partida de Etty. Él habla la lengua del deber. Ella está en la
aceptación, y él en la exclusión. Etty aprecia su sensuali-
dad, mientras que para Gandhi el buen resistente debe per-
manecer casto y pobre, debe constreñir su cuerpo. Gandhi
impone sus opciones morales a los demás, mientras que
Etty se limita a perfeccionar su propio ser.

RECHAZO DE LA POLÍTICA

La situación política de los judíos en Ámsterdam no es objeto de descripción habitual en el diario de Etty, aunque encontramos ecos elocuentes. En junio de 1941 la primera gran
redada golpea la ciudad. Etty anota: «Detenciones, terror,
campos de concentración» (14.6.41). En otoño de 1941 los
judíos ya no pueden matricularse en la universidad, ejercer
determinados oficios no comerciales ni emplear a no judíos. Etty consigna el aumento de las depresiones y de la
angustia. Anota también las muertes sobrevenidas en los
campos abiertos en el país, los sufrimientos que padecen en
ellos los detenidos, y las prohibiciones, que se multiplican:
ya no les permiten entrar en las tiendas, ni utilizar los trans-
portes públicos, ni sentarse en las terrazas de las cafeterías.
Las perspectivas generales son sombrías. Lo que les espera a

los judíos es «el hambre, la muerte o el destierro» (23.5.42). Sin embargo, todas estas humillaciones no suscitan la indignación de Etty y sólo merecen breves menciones en su diario. Su actitud general sigue siendo una extraña aceptación ante el curso del mundo. Como ella misma es consciente de la singularidad de esta reacción, intenta encontrarle una explicación y apoyarla en argumentos racionales.

La primera línea de razonamiento consiste en establecer una rotunda oposición entre vida interior y vida exterior, valorando la primera y desestimando la segunda. Ha decidido que «ya no debe dejarse guiar por los estímulos del mundo exterior, sino por la urgencia interior» (31.12.41). Su vida entera estará regida por este centro interior, que se dedica a escuchar desde la mañana hasta la noche. El desequilibrio entre las dos fuentes posibles de una acción o de un juicio es tal que formula esta sorprendente frase: «Cuando tenemos vida interior, seguramente importa poco de qué lado de las rejas de un campo estemos» (12.3.42). En esta fecha, cuando millones de soviéticos están sometidos a la esclavitud en los gulags de su país, y otros millones procedentes de todos los países europeos pueblan los *Lager* alemanes, apostamos a que a muy pocos les es realmente indiferente estar dentro o fuera de un espacio rodeado de alambre de espino. Etty es consciente de las medidas cada vez más represivas para la vida de los judíos, pero a la vez anota el poco efecto que ejercen en ella. Sus convicciones personales forman una especie de muro o de armadura contra la que rebotan las agresiones del mundo que la rodea. «Tengo fuerza interior, y con eso basta, lo demás no tiene importancia» (4.7.42). Lo interior siempre vence sobre lo exterior.

Esta preeminencia de la vida interior sobre la que tiene lugar en el mundo es tal que Etty no diferencia entre las acciones provocadas por un agente humano y las que proceden de los elementos del cosmos. Para ella, los acontecimientos que forman la historia humana y los que son efecto de las leyes de la naturaleza derivan del mismo orden. Todas las formas de acción humana se sitúan en el mismo plano, porque sólo cuenta la reacción interior que suscitan: «Y, pensándolo bien, ¿qué importa si en una época es la Inquisición, y en otra las guerras y los pogromos los que hacen sufrir a la gente? [...] Lo que cuenta es la manera de soportar el sufrimiento» (2.7.42). Podríamos replicar que diferenciar entre estas diversas causas de desgracia importa, en la medida en que puede lucharse contra cada una de ellas mediante la reacción adecuada. La indiferenciación que asume Etty se acentúa aún más cuando añade a la serie de fuerzas maléficas los accidentes naturales, detrás de los cuales no hay ninguna intención humana. «Una vez es un Hitler, otra Iván el Terrible, por ejemplo, durante un siglo es la Inquisición, en otro las guerras, la peste, los terremotos o la hambruna. En definitiva, lo que cuenta es la manera de llevarlo, de soportar, de asumir un sufrimiento que es consustancial a la vida (10.7.42). Los sufrimientos quizá sean parecidos, pero ¿podemos ver en el advenimiento de Hitler una peripecia tan inaccesible a la acción humana como las epidemias de peste o los terremotos? No podríamos eliminar todas las enfermedades de la superficie de la tierra, pero eso no nos impide luchar eficazmente contra una u otra infección. La vida y la muerte, las alegrías y las penas son propias de toda existencia humana, pero ¿podemos incluir en esta lista el odio racial y los planes de exterminio? El lugar preponderante que ocupa la vida interior de Etty convierte en insignificantes las diferencias entre naturaleza e historia, entre convenciones sociales y tomas de posición personales.

El poco interés que concede a la «vida exterior» se explica también por otra razón: no cree que sea posible cambiar el curso de los acontecimientos. Los individuos quedan confinados a un papel meramente pasivo. «No somos más que jarrones huecos en los que se precipita el raudal de la historia del mundo» (15.6.41). Si no lo somos, deberíamos intentar serlo. Porque, comparada con la fuerza de los acontecimientos en curso, la voluntad individual es irrisoria. Etty está tentada de ver en la historia un destino impuesto por la

Providencia más que una sucesión que los hombres pueden intentar cambiar. Pero ¿la imagen del «jarrón hueco» hace justicia a su rica vida interior?

Esta doble justificación de la aceptación –la vida interior triunfa holgadamente sobre los peores horrores externos, y de todos modos el curso de los acontecimientos es inmutable– hace que Etty desconfíe de toda tentativa de resolver una dificultad mediante la acción pública y política. Suponiendo que actuar sobre lo que acontece en el mundo pueda ser útil, sólo debe llegar en segundo lugar, después de haber trabajado sobre uno mismo. Etty siempre sospecha que la acción contra los demás procede de un sentimiento de odio hacia ellos, y que por lo tanto deriva de la venganza o de defender los propios intereses. No contempla una lucha que no esté movida por el odio al enemigo (en lugar de, por ejemplo, por indignarse ante una injusticia). Prefiere las reacciones personales de cambio interior a las acciones políticas de resistencia. «Las amenazas externas son cada vez más graves, y el terror aumenta día a día. Elevo la oración a mi alrededor como un muro protector que me ofrece una sombra propicia [...] Esta concentración interior alza altos muros a mi alrededor» (18.5.42). Pero ¿pueden derribarse los campos de concentración mediante la oración o gracias a un esfuerzo de concentración interior? A los que escrutan el cielo con la esperanza de que desembarquen los ingleses, les replica que hay que renunciar a toda esperanza política: «No creo en la ayuda exterior, no entra en mis previsiones. Los ingleses, los estadounidenses, las revoluciones y Dios sabe qué más. No podemos depositar en ellos todas nuestras esperanzas» (23.7.42).

Etty es consciente de que esta actitud no es la adecuada para todos y de que la vida que ella ha elegido es singular. «Mis luchas tienen lugar en un teatro interior y contra mis demonios personales, luchar entre miles de personas asustadas, contra los fanáticos que quieren nuestra muerte y unen la rabia a una gélida frialdad. No, no es para mí» (14.7.42). Al mismo tiempo está convencida de que es preferible su reacción moral a toda acción política, de que luchar contra sus propios demonios es el único objetivo digno de respeto. Cierto que el mundo que nos rodea es cruel, pero eso no es razón para cultivar otra cosa que la misericordia. Al encontrarse con un viejo amigo marxista que defiende la resistencia armada, le contesta: «Es la única solución, la única de verdad, no veo otra salida: que todos nosotros nos volvamos sobre nosotros mismos y eliminemos todo lo que creemos que debemos eliminar en los demás» (23.9.42).

A la propia Etty le parece que la elección radical de uno de los términos en detrimento del otro, exigirse a uno mismo pero no a los demás, centrarse en la experiencia interior antes que en el mundo exterior, privilegiar la acción moral y excluir toda intervención política, es tan extrema que de vez en cuando se riñe a sí misma: «Debemos mantener el contacto con el mundo real, el mundo actual, intentar definir nuestro lugar en él, no podemos vivir sólo con valores eternos, porque podría degenerar en una especie de política del avestruz. Vivir totalmente tanto fuera como dentro, no sacrificar nada de la realidad exterior por la vida interior, y a la inversa, ésa es la tarea estimulante» (25.3.41). Ésta es la teoría, pero el carácter de la joven la arrastra hacia la vertiente interior.

Sin embargo, en el último periodo de su vida, Etty encontrará otra manera de conseguir este equilibrio.

UN BÁLSAMO PARA TANTAS HERIDAS

En el verano de 1942 la vida de Etty da un giro, y su visión del mundo sufre una evidente inflexión. Ello responde de entrada a los acontecimientos externos. A finales de junio de 1942 los judíos holandeses reciben noticias inquietantes, procedentes básicamente de Radio Londres. Etty escribe en su diario: «Según las últimas noticias, todos los judíos de Holanda van a ser deportados a Polonia [...] La radio inglesa ha informado de que, desde abril del año pasado, en Alema-

nia y en los territorios ocupados han matado a setecientos
mil judíos» (29.6.42). Dos días después añade: «En Polonia,
parece que la masacre está en pleno auge» (1.7.42). Como
reacción a esta nueva situación, y bajo la presión de sus familiares y amigos (sobre todo de su hermano mayor), se presenta como candidata a un trabajo en el consejo judío, la
institución creada por el poder alemán en los países ocupados, que les facilita la dirección de la población judía. Se
supone que los empleados se libran de las medidas represivas que golpean a los demás judíos. La contratan inmediatamente y se ocupa de diversas labores administrativas. Pide
que la trasladen al sector Westerbork, el nombre del campo
de tránsito en el que agrupan a los judíos holandeses y de
donde parten los convoyes que se dirigen a Polonia y a Alemania. Le conceden también esta petición, y en un primer
momento Etty hace tres estancias de dos semanas en Westerbork (del 30 de julio al 13 de agosto de 1942, del 21 de
agosto al 4 de septiembre, y del 20 de noviembre al 5 de diciembre). Luego una enfermedad la retiene varios meses en
Ámsterdam. Su cuarta y última estancia empieza el 5 de junio de 1943 y se prolonga hasta su marcha definitiva. Y por
último, un acontecimiento que la marca: el objeto de su
amor, Julius Spier, cae enfermo y muere el 15 de septiembre
de 1942 en Ámsterdam. La persona que suponía el eje central de su vida ya no está.   .
   Sensible al cambio que tiene lugar a su alrededor, pero
también en ella misma, busca un nuevo tono para expresar
sus nuevas reacciones. Nada más llegar al campo de Westerbork anota: «Tendré que encontrar un lenguaje totalmente
nuevo para hablar de todo lo que me afecta desde hace unos
días» (19.7.42). Acaba encontrando ese lenguaje nuevo, en
especial en su correspondencia, lo que no quiere decir que
renuncie a los principios que defendía anteriormente. Como
antes, afirma: «Me siento sorprendentemente contenta, no
una alegría exaltada o forzada, sino sencillamente contenta,
porque día a día siento crecer en mí la tranquilidad y la confianza» (6.7.42). Su filosofía le permite aceptar la vida que la

rodea y ya no intenta diferenciar el ser del deber ser (enunciado sorprendente si pensamos que este «ser» es aquí el campo de concentración, lugar de inenarrables sufrimientos). «He aprendido a amar Westerbork», añade (16.9.42), y se interroga a sí misma sobre el origen de este sentimiento. «¿Cómo es posible que este trocito de tierra vallada con alambre de espino, atravesado por destinos y sufrimientos humanos que se estrellan contra él una y otra vez, haya dejado en mi memoria una imagen casi dulce?» (22.9.42). Ha decidido de una vez por todas que los sufrimientos a los que se enfrenta los ha enviado Dios, que son buenos, porque generan la bondad.

Sin embargo, junto con esta continuidad aparecen varios signos de cambio. El primero y más importante es que el centro de interés de su vida ya no será su propio ser, sino las personas que la rodean. Desde sus primeras estancias en Westerbork Etty cambia profundamente. Se sumerge en «la vida en la colectividad del campo, cuando siempre había vivido aislada y retirada» (2.10.42). Su preocupación por el autoanálisis retrocede a un segundo plano, y la singularidad de su yo se desvanece. «Poco importa que sea yo u otro el que se marcha» (11.7.42). «Centramos hasta tal punto nuestra atención en los demás que nos olvidamos de nosotros mismos, y está muy bien» (carta 42). Etty ya no aspira, como antes, a convertirse en lo que es, como si el ser profundo precediera a toda existencia y en concreto a todo contacto con los demás, sino a ser eso en lo que se ha convertido, a desempeñar el papel que ella misma llama «un germen de paz en esta casa de locos» (16.7.42), y «el corazón pensante de la barraca» (15.9.42), e incluso «un bálsamo para tantas heridas» (12.10.42), una identidad que no existía antes de la experiencia en la que se ha visto involucrada.

Ya no escribe un diario íntimo, sino la crónica de las tribulaciones que sufren sus compañeros y ella misma. El interés por sí misma queda eliminado por el amor a los demás, que no depende de la excepcional calidad de éstos. Ya Descartes escribía: «No hay hombre tan imperfecto que no podamos sentir por él una amistad muy perfecta».[1] Etty ha adoptado el mismo punto de vista: «No existe la menor relación de causalidad entre el comportamiento de las personas y el amor que sentimos por ellas [...] la propia persona de ese «prójimo» tampoco tiene que ver demasiado» (carta 56). El amor universal al que aspiraba antes encuentra aquí una aplicación inmediata.

Mientras que anteriormente se negaba a reconocerse en el papel tanto de la revolucionaria como de la asistente social, su actividad en Westerbork se asemeja en muchos aspectos a esta última, ya que interviene para aliviar los sufrimientos de los demás. Mientras que antes aspiraba a conocer un solo corazón, el suyo, exclusivamente su «pequeña vida interior», ahora se decanta por la de todos los seres humanos que la rodean y le afecta la humanidad sufriente. Mientras que antes se decía a sí misma: «La única responsabilidad con la que podrás cargar en esta vida es la de tu persona» (21.10.41), ahora se siente responsable de todos los habitantes del campo de Westerbork. Su aprobación general de la vida se centra ahora en determinado tipo de relaciones humanas. «Se vive bien en todas partes, incluso detrás de los alambres de espino y en las barracas abiertas al viento, siempre y cuando vivamos con bastante amor a las personas y a la propia vida» (carta 10a). Llevar café al que se lo pide, escuchar las quejas de unos y otros, y apaciguar los conflictos son otras tantas acciones que responden a una misión moral digna de respeto. Es cierto que en Westerbork las posibilidades de enfrentarse a las autoridades mediante la acción son nulas. Cuanto más se multiplican las tareas que le incumben, más aumenta su felicidad. En este momento, lo que le gusta a Etty no es tanto el campo como la vida que lleva en él, donde puede dar libre curso al amor humano que siente crecer en ella. Evidentemente, no se trata de que todo merezca aprobación, pero el mal no reina de manera uniforme, y un gesto generoso y una mirada amable pueden redimir los días difíciles.

1. *Las pasiones del alma*, § 83.

Inmersa en la vida de los demás, Etty empieza a tomar
conciencia de su sufrimiento de manera mucho más concreta que antes. «No entiendo que seres humanos puedan infligir este trato a sus semejantes» (carta 21). La realidad que
aparece ante sus ojos es tan nueva que le resulta imposible
describirla con las palabras habituales, deberíamos encontrar nuevas maneras de expresarnos para transmitir el horror.
«Habría que ser un gran poeta, los relatos periodísticos ya
no bastan» (carta 23). En realidad, se ha convertido en ese
poeta al que anhela. Las escenas más impactantes son las
de los convoyes entrando y saliendo del campo. «Cuando el
primer convoy pasó entre nosotros, por un momento creí-
mos que jamás podríamos volver a reírnos o a estar conten-
tos, sentimos que nos habíamos convertido en otras personas» (carta 23). «En unas horas podríamos hacer provisión
de melancolía para toda una vida [...] La locomotora lanza
un grito espantoso, todo el campo aguanta la respiración, se
van tres mil judíos más [...] Los vagones de mercancías estaban totalmente cerrados, sólo habían quitado algunos
listones por aquí y por allá, y por los resquicios asoma-
ban manos que se agitaban como las de los que se ahogan»
(carta 37). «La semana pasada nos llegó en plena noche un
convoy de prisioneros. Rostros cerosos y translúcidos. Nunca he visto en rostros humanos tanto agotamiento y cansancio como aquella noche [...] Al amanecer los apretujaron
en los vagones de mercancías [...] Camillas de papel en el
suelo para los enfermos. Para los demás, vagones vacíos con
un tonel en medio y setenta personas de pie en un furgón
cerrado» (carta 46).

Es evidente que varias cartas largas de Etty no se dirigen
a un destinatario concreto, sino que son relatos completos
de la vida en Westerbork. Por lo demás, se publicarán ya
durante la guerra, como la del 24 de agosto de 1943: «Después de una noche como ésta, pensé por un momento con
toda sinceridad que sería pecado seguir sonriendo [...] Pero
los bebés, los agudos gritos de los bebés a los que arranca-
ron de sus cunas en plena noche para trasladarlos a países

lejanos...» (carta 64). Siguen escenas a cuál más trágica, todas ellas descritas con estilo sobrio y lapidario, el nuevo
tono que ha descubierto Etty, que se ajusta a este mundo
alucinante.

Ante sus ojos pasan una joven paralítica que se
niega a llevarse un plato para alimentarse; un chico con un
ataque de pánico que huye y cree que podrá esconderse, lo
que provoca que lo persigan otros judíos que serían deportados en su lugar; los cincuenta judíos condenados a la deportación para dar ejemplo, aunque habían capturado al
fugitivo; los empleados del consejo judío (del que forma
parte Etty) que visten a los bebés y tranquilizan a las madres
para que unos y otras suban a los vagones sin armar follón;
la joven madre preocupada porque la sábana de su bebé no
se haya secado antes de que arranque el tren; otra mujer
embarazada de nueve meses a la que llevan al tren en camilla
y a la que comunican, en cuanto empiezan los primeros do-
lores, que debe quedarse en el campo; otra que espera encontrar a su marido, al que trasladaron a Polonia en el convoy anterior; una madre que sube al vagón con sus siete
hijos. «Las puertas se cierran ante racimos humanos com-
primidos, lanzados dentro de vehículos para transportar ga-
nado. Las escasas aberturas en lo alto de las paredes dejan
entrever cabezas y manos que no tardarán en agitarse [...] El
silbato lanza su grito estridente y un tren sale de Holanda
con su cargamento de mil veinte judíos.»

La cercanía que se ha establecido entre los futuros deportados y Etty hace que le resulte cada vez más difícil mantener su posición de aceptación general de todo lo que sucede.
La situación se agrava aún más a partir del momento –el 21
de junio de 1943, «el día más negro de mi vida» (carta 39)–
en que, tras una redada en Ámsterdam, sus padres y su hermano menor van a parar al campo de Westerbork. La razón
de esta nueva angustia es que, como no tarda en entender,
toda persona puede decidir aceptar lo que le depara la vida,
«pero sólo puede hacerlo por sí misma, nunca por los demás» (carta 53). Etty ve ahora que la separación estanca que
anteriormente aislaba el interior del exterior ya no existe,

porque los demás también forman parte de ella. En adelante, el sufrimiento de las personas queridas hace que viva en «un infierno absoluto», una «catástrofe total» (carta 40). Sacrificarse por los seres queridos es mucho más fácil que verlos inmolados en sacrificio. «Estaría dispuesta a ir yo misma diez veces a Polonia o a donde sea si antes pudiera sacar de aquí a estas personas tan queridas» (carta 45). La perspectiva de que se las lleven le provoca una angustia constante que a la larga se le hace insoportable. Como analiza lúcidamente: «Lo más desesperante es que puedes hacer por los tuyos mucho menos de lo que esperan de ti» (carta 49). El amor universal al mundo y a la vida, indiferente a todo lo que sucede, sólo es posible si no sentimos un amor especial por varias personas elegidas, ya que su pérdida y su destrucción resultan insoportables.

Así, en este momento Etty renuncia a la idea de que se debe descartar toda intervención exterior que pudiera mejorar la situación, todo acto político que pudiera aliviar a sus seres queridos. Cuando ve la pesadilla de los convoyes llevarse su cargamento humano, coincide mentalmente con aquellos con los que antes no estaba de acuerdo y sueña con que la aviación inglesa lance un bombardeo: «¿Y por qué no podrían alcanzar la vía férrea e impedir que saliera el tren? Todavía no ha pasado, pero, con cada convoy, volvemos a esperarlo con un optimismo inextirpable» (carta 64).

Se acerca el final de Etty. En julio de 1942 había empezado a trabajar en el consejo judío de Westerbork creyendo que este trabajo la protegería de la deportación. Pero el 7 de julio de 1943 son abolidos todos los privilegios y pasa a ser una detenida más. La familia Hillesum hace trámites para conseguir la exención de su hijo Mischa, pianista superdotado. Se la niegan y llega la orden de que el chico sea incluido en el siguiente convoy con destino a Auschwitz, junto con toda su familia, es decir, su padre y su madre, pero también su hermana Etty. La decisión se toma el 6 de septiembre de 1943, y se fija la salida para el día siguiente. En un principio, la noticia deja atónita a Etty, pero al cabo de una hora se recupera. Recupera su sentido del humor y su amabilidad con quienes están con ella, y prepara su mochila, en la que mete su Biblia, un volumen de Tolstói y su gramática rusa, así como el último cuaderno de su diario (que se perderá). Su última carta, que tiró del tren al salir de Westerbork, proclama su buen humor: «Hemos salido del campo cantando, mi padre y mi madre muy tranquilos y valientes, y Mischa también» (carta 71). Su amigo Jopie, que se quedó en el campo, describe así su estado de ánimo: «Creo que hasta cierto punto le alegraba la idea de vivir estas experiencias, de vivirlo todo, realmente todo lo que nos depara la vida» (carta 78). Pese a su lucidez respecto de la situación en la que se encuentra, Etty seguramente no calibra su auténtica gravedad. En otro de sus últimos mensajes hace la siguiente pregunta: «¿Me esperaréis?» (carta 79). No cree que va a morir, espera sobrevivir y volver con sus seres queridos. Ante el escándalo de esta deportación –una entre tantas otras–, soñamos con una intervención sobrenatural. No tendrá lugar.

En el registro consta que los padres de Etty fallecieron el día en que el convoy llegó a Auschwitz, el 10 de septiembre de 1943. Debieron de morir en el viaje o, más probablemente, los gasearon nada más llegar. La muerte de Etty está consignada en Auschwitz el 30 de noviembre de 1943.

UNA PERSONA CONMOVEDORA

No salimos indemnes de la lectura de los escritos de Etty. Su fuerza es tal que nos quedamos fascinados con este personaje de virtudes aparentemente incompatibles. Al sumergirme en el texto completo de sus diarios y cartas, me llama la atención su homogeneidad y a la vez la evolución de su reflexión, cuya inflexión se sitúa en el verano de 1942.

La continuidad se pone de manifiesto en uno de los principales mensajes de Etty, el amor al mundo y el rechazo radical del odio. Amor a la vida, incluso en lo que puede tener de más atroz, y rechazo del odio, incluso por aquellos que son responsables de las persecuciones y de los exterminios. Enfrentada al mal, no intenta destruirlo en los demás, sino prohibirle el acceso a sí misma. La evolución en su visión del mundo, que se produce sin romper su continuidad, tiene ante todo que ver con el desplazamiento de su centro de interés, el paso del «yo» al «ellos», del sujeto a las personas que la rodean. Se aparta progresivamente de la gran tradición del pensamiento occidental que afirma la autonomía, incluso la autosuficiencia del sujeto, que representa a los demás como posibles instrumentos de las búsquedas del yo y que se niega a verlos como objetivo último de la acción. Podríamos decir que, hasta el verano de 1942, se comporta como una discípula talentosa aunque fiel a las enseñanzas de Spier. El cambio tiene lugar tras el impacto de sus primeras estancias en Westerbork, lo que puede explicar que la muerte de Spier, unos días después, apenas la impresione. Es posible que, como afirma, el primer periodo (con Spier) la preparara para asumir sus posiciones del segundo (sin él), pero no conocemos muchos otros ejemplos de este tipo de transición. Las personas a las que conoce y a las que se entrega son los detenidos de este campo de tránsito, donde en un primer momento trabaja cuidándolos, y un año después pasa a ser una detenida como los demás. Al mismo tiempo que se tambalean las fronteras entre ella y los demás, Etty supera el dualismo tradicional de exterior e interior, de cuerpo y espíritu.

Enfrentada muy de cerca a la miseria afectiva de los detenidos que la rodean, Etty matiza su opinión sobre el mundo. Aunque está apegada a la vida en todas sus formas, hace lo posible por vendar las heridas y aliviar los sufrimientos con generosidad y misericordia. La vida continúa en cualquier circunstancia, y siempre puede ser digna de admiración, pero el campo de Westerbork, lugar de transición entre convoyes que entran y salen, no merece ser admirado como obra de Dios.

En este contexto, también ella acabará deseando lo que en un principio rechazaba, la esperanza de que los Aliados intervinieran militarmente contra el ocupante alemán: ¿por qué la aviación inglesa no bombardea las vías del tren que llevan a Westerbork? En este momento admite la legitimidad de la lucha militar y violenta, aunque se niegue a participar en ella. Acepta ver que la acción sobre el mundo exterior ocupa su lugar al lado de la educación moral de su ser y del consuelo de las personas que la rodean. Ella sólo sabe llevar a cabo actos de amor, no de destrucción, pero admite la necesidad de los unos y de los otros. Ocupa pues este lugar excepcional, exterior al compromiso político, pero manteniendo vivos los valores que le dan sentido.

Etty se niega a someterse al clima de odio instaurado por el ocupante nazi, y también a las reacciones que serían reflejo de la agresión sufrida. En este sentido, es una «insumisa» que no pretende ofrecer resistencia al agresor luchando. Incluso expresa cierta desconfianza respecto de toda forma de reacción violenta contra el ocupante, porque no puede concebir que sea posible resistir sin odio. Ella misma sabe oponerse, y de manera notable, no al enemigo, es cierto, sino a la tentación de odio y de violencia que engendran la guerra y la ocupación. No desconoce estas pulsiones, pero su amor al mundo lucha contra ellas y las hace desaparecer. Así, sólo queda el cuidado que prodiga a todas las personas a las que conoce en su último año de vida. Sólo queda el amor.

Germaine Tillion

FRENTE A LOS PODERES TOTALITARIOS

Observaremos mejor la singularidad de la reacción de Etty a la ocupación de su país por parte del ejército alemán y a las persecuciones de la población judía del país si conocemos el itinerario de otra mujer que, en un país vecino destinado a sufrir la misma suerte, opta por la lucha activa, sin renunciar jamás a una actitud moral. Mi elección apunta a la resistente francesa Germaine Tillion. Las diferencias entre los destinos de estas dos mujeres son muchas, empezando por el hecho de que la francesa sobrevive a la guerra e incluso llega a una edad muy avanzada: muere en 2008, a los ciento un años de edad. Sin embargo, también hay puntos comunes.

Tillion nace y crece en el seno de una familia francesa tradicional, y sus padres le transmiten dos fidelidades: al patriotismo republicano y a la fe cristiana, en este caso católica. Cuando llega el momento de cursar estudios superiores tantea varias orientaciones y acaba apasionándose por una disciplina relativamente nueva, la etnología, es decir, el estudio de las costumbres en las sociedades premodernas. Observamos la mentalidad de los jóvenes etnólogos de su generación en el nombre que en aquel momento recibe el museo etnográfico del Trocadéro: Museo del Hombre. Tillion, sin reivindicar una posición anticolonialista, recordará después que en aquel momento era «sinceramente republicana» y consideraba que «todos los hombres son iguales».[1,2]

Convencida de que su labor es ante todo conocer el mundo en toda su diversidad, no adopta ningún credo político («Se podría decir que estaba extraordinariamente poco politizada»),[3] lo que la lleva a relacionarse con personas que profesan opiniones muy diferentes, tanto de izquierdas como de derechas. «Hasta el inicio de la guerra había formado parte de la categoría política comúnmente llamada "centrista" (entendiendo por eso que no odiaba frenéticamente a nadie)»;[4] también dice ser «moderada». Su primer punto común con Etty está ahí, en la ausencia de odio. Sin embargo, Tillion formula un rechazo más radical respecto de las ideologías totalitarias, las que recomiendan excluir del género humano a una de sus partes constitutivas. Como el nazismo, que Tillion descubre durante un viaje a Königsberg en 1933. Considera que las doctrinas racistas que difunde la universidad de esta ciudad son «una estupidez totalmente execrable».[5] Tampoco siente grandes simpatías por el comunismo soviético, al que sabe ya, en esta época anterior a la guerra, responsable de «exterminio por hambruna»[6] en Ucrania y en otros lugares. Pero estas infor-

1. Las abreviaturas, seguidas del número de página, remiten a las siguientes obras de Germaine Tillion: CGP = *Combats de guerre et de paix*, Seuil, 2007; EGT = Michel Reynaud, *L'enfant de la rue et la Dame du siècle* (entrevistas con Germaine Tillion), Tirésias, 2010; ETH = *Il était une fois l'ethnographie*, Seuil, 2000; FDV = *Fragments de vie*, Seuil, 2009; RAV 2 = *Ravensbrück*, Seuil, 1973; RAV 3 = *Ravensbrück*, Seuil, 1988, reed. Points-Essais, 1997 (citado por esta edición de bolsillo); SGT = *Le Siècle de Germaine Tillion*, Seuil, 2007; TDM = *La Travesée du mal* (entrevistas con Jean Lacouture), Arléa, 1997.
2. *ETH*, p. 39.
3. *EGT*, p. 47.
4. *FDV*, p. 124.
5. *ETH*, p. 39.
6. *CGP*, p. 58.

maciones no se convierten en punto de partida de una acción. Todavía no le han tocado en sus carnes. Entre 1934 y 1940, buena parte de su vida avanza en su ámbito etnológico, en el Aurés argelino, donde vive el pueblo de los chaouis. El azar quiere que vuelva a Francia justo en el momento de la debacle, cuando el ejército francés retrocede en todos los frentes y la República se hunde. El 17 de junio de 1940 oye la declaración del mariscal Pétain, impregnada de retórica cristiana, en la que el nuevo jefe del Estado se atribuye un papel similar al de Cristo –«Entrego mi persona a Francia para atenuar su desgracia»– y recomienda a su población que se abandone a la voluntad de la Providencia: «Que todos los franceses [...] acallen su angustia y sólo escuchen a su fe en el destino de la patria». Tillion no oye el discurso que pronuncia al día siguiente el general De Gaulle en Radio Londres, pero se entera de que para algunos franceses la lucha continúa. Ni por un segundo duda de hacia dónde tienden sus preferencias. Marcada por su trabajo in situ, es una persona mucho más próxima al discurso estrictamente práctico, incluso técnico, de De Gaulle, que, en lugar de invocar a la Providencia, explica a sus conciudadanos que han perdido la batalla porque sus tanques y sus aviones eran de peor calidad que los de los alemanes, pero que los franceses pueden vencer si se apoyan en una fuerza mecánica superior, la que proporcionan los Aliados. Tillion decide inmediatamente optar por la insumisión: «Era absolutamente necesario hacer algo».[1]

En el seno de su familia, Tillion ha sentido desde muy temprano la necesidad de defender su patria. Cuando empieza la Primera Guerra Mundial tiene siete años, pero recuerda que, ya en aquella época, se nutría de los relatos sobre los peligros que amenazaban a Dios y a la patria. En aquel momento soñaba con alistarse en el ejército francés como perro de guerra, como un san bernardo que salva a los heridos y a los que sufren. Veinticinco años después, durante

1. *FDV*, p. 129.

una breve estancia en Baviera, le impresiona ver a su alrededor los preparativos para la guerra, que contrastan con la despreocupación francesa al respecto, y las fanfarronadas que oye en su país no la tranquilizan: «Venceremos porque somos los más fuertes».[1] Siente pues «una punzante ternura por la patria, tan poco consciente del peligro».[2] Ella misma calificará después sus sentimientos patrióticos de «primarios».

Cuando, décadas después, reflexiona sobre una pregunta que suelen hacerle, las razones de aquel compromiso inmediato, constata, con su escrupulosa preocupación por la verdad, que su gesto estaba motivado exclusivamente por su amor a la patria: «Hoy en día me gustaría decir que, en junio de 1940, tenía básicamente consciencia de la nocividad "humana" de Hitler y que eso me motivó más que la agresión "privada" de la que era víctima "mi" país, pero desgraciadamente lo que es verdad es lo contrario».[3]

De entrada, la red de resistencia que Tillion ayuda a crear se pone al servicio de la patria y se dedica a tareas auxiliares: reunir información, acoger a los soldados prófugos y organizar evasiones, alojar a los paracaidistas ingleses, hacer papeles falsos y difundir llamadas a la insumisión. Sin embargo, a esta exigencia de fidelidad patriótica se unen otras consideraciones de carácter más universal. Vemos las huellas de esta pluralidad de ideales en el texto de un folleto que Tillion destina a la prensa clandestina, pero que quedará inédito, porque el periódico en cuestión deja de existir. Las informaciones que circulan entonces entre la población francesa son muchas, pero contradictorias, ya que proceden de fuentes diferentes (alemanas, francesas, suizas, inglesas, etc.). En consecuencia, exige a sus compañeros resistentes que no manipulen la verdad, que no oculten nada y que se esfuercen por entender y valorar imparcialmente. No es posible ceder a esta exigencia: «En el plano de las ideas, de en-

1. *FDV*, p. 103.
2. *FDV*, p. 87.
3. *FDV*, p. 156.

trada sólo conocemos una causa que nos es querida, la de nuestra patria, y por amor a ella nos hemos agrupado, para intentar mantener su fe y su esperanza. Pero no queremos, bajo ningún concepto queremos sacrificar por ella la verdad, porque nuestra patria sólo nos es querida a condición de no tener que sacrificar por ella la verdad».[1] Aquí hace su discreta aparición una segunda «causa», independiente del patriotismo y que lo engloba, la exigencia universal de verdad, que puede llevarnos a actuar, si es necesario, «contra nosotros mismos». El amor a la patria no desaparece, pero queda enmarcado dentro del amor universal a la verdad. La insumisión que asume en adelante transforma su mentalidad. Observa un primer cambio en su comportamiento con motivo de la ejecución de un resistente, el comandante Honoré d'Estienne d'Orve, al que De Gaulle envía desde Londres y con el que debía ponerse en contacto. En el metro de París cuelgan carteles informando de su muerte, el 29 de agosto de 1941. Al leerlos, Tillion se da cuenta de que su mentalidad ha evolucionado: «A partir de aquel instante, toda iniciativa contra el enemigo me pareció valiosa y justificada, y aunque no participé personalmente en acciones terroristas, desde aquel día estuve de acuerdo con ellas y les habría ofrecido todo mi apoyo si se hubiera presentado la ocasión».[2] Esto hará que más adelante su opinión sobre «terroristas» de diversas ideologías sea mucho más matizada que la de sus contemporáneos, y le permitirá también dar un paso adelante en la comprensión de actos violentos que por lo demás son inadmisibles.

Otro aprendizaje, esta vez parecido al que sufre Etty en el campo de Westerbork, tiene que ver con los niveles de sufrimiento que experimenta. Tillion aprende ahora que lo que hace sufrir con mayor intensidad no son los golpes, ni siquiera la perspectiva de morir, sino las violencias que sufren personas queridas y que nos resulta absolutamente imposi-

1. *CGP*, p. 81.
2. *FDV*, p. 149.

ble aliviar. Es lo que sucede en los meses siguientes, cuando detienen a sus amigos del Museo del Hombre, los torturan y por último los condenan a muerte. Imaginar la sangre chorreando por rostros conocidos y queridos es insoportable, enterarse de que han sido condenados a muerte, incluso ver cómo fracasan todos sus esfuerzos por aplazar la ejecución le causa un dolor físico. Lo que agrava todavía más el sufrimiento es sentirse, aunque sólo sea parcialmente, responsable de lo que les sucede a los demás. «Defender una tesis moral sentado en un sofá, bebiéndose una taza de té, es una cosa, y otra [...] decirse que personas –vivas, felices y rodeadas de una familia que los quiere– van a morir de verdad, después de haber sido torturadas de verdad, porque te han escuchado a ti y tus edificantes razones.»[1]

En agosto de 1942, un traidor que se ha introducido en su red denuncia a Tillion y la detienen. Seguirá resistiendo en la cárcel, pero de otras maneras. En efecto, es imposible que los prisioneros, privados de libertad, ataquen a sus enemigos, los que han ocupado el país. Entonces la insumisión pasa a ser interna y consiste en adaptarse a las reglas y principios que se da uno mismo y en mantener así la dignidad. Por ejemplo, Tillion se las arregla para consignar el paso del tiempo fabricándose un calendario, y más tarde toma breves notas respecto de los más nimios acontecimientos del día. Esto quiere decir también no traicionar a otros resistentes o, de forma más positiva, encontrar la manera de comunicarse con el exterior, establecer contactos con otros prisioneros, compartir con ellos la comida o las noticias que han podido llegar del exterior y hacer pequeños favores. Tiempo después le dan autorización para que trabaje en su tesis de etnología, lo que le procura alegría y seguridad. Deja de ser esclava de su cuerpo prisionero, deja de ser lo que le hacen. Su mente liberada sale de la odiosa prisión y se traslada con sus queridos auresianos.

En el folleto que escribió mientras aún estaba en libertad, Tillion da testimonio de otro descubrimiento que acaba de

1. *FDV*, pp. 147, 177.

hacer: menciona una característica de la actividad de resistencia, para ella indispensable, ya no una condición para existir, sino una modalidad elegida, a saber, el recurso al humor. «Creemos que la alegría y el humor constituyen un clima intelectual más estimulante que el énfasis lastimero. Nuestra intención es reír y bromear, y consideramos que tenemos derecho a ello.»[1] Esta capacidad de reírse de lo que nos rodea, pero también de uno mismo, tiene un efecto similar al que produce la distancia entre el etnólogo y la sociedad que observa: introducir una separación entre el mundo y uno, y poder verse como desde fuera. Tillion tiene la ocasión de poner en práctica sus propios preceptos. En respuesta a su acta de acusación, que incluye cinco motivos para condenarla a muerte, redacta una carta hilarante dirigida al tribunal que la juzga, en la cual rechaza todas las acusaciones fingiendo ignorancia o incomprensión, y a la vez cita obras literarias, canciones y anécdotas de su pasado. Esta manera de no ser prisionera ni de su cuerpo ni de su miedo le permite dejar atrás los acontecimientos que vive.

En el mismo folleto, Tillion formulaba además otra exigencia respecto de la insumisión: «Es indispensable imponernos una severa disciplina mental. Debemos desconfiar de la credulidad, de la desesperación, del entusiasmo, del odio...».[2] La lógica de violencia en la que están atrapados los resistentes no implica que cultiven el odio al enemigo o la desesperación de vivir. Mientras que algunos resistentes están tentados de descartar toda vida privada y dedicarse exclusivamente a la lucha pública, Tillion y los que se reconocen en su mensaje aplican los principios de su vida personal al espacio común. Otros luchadores dan testimonio de la misma experiencia, incluso cuando están esperando a que los ejecuten. Es el caso de Pierre Walter, uno de los condenados a muerte de la red del Museo del Hombre. Dos semanas antes de que lo ejecuten escribe en su agenda: «Voy a morir

1. *CGP*, p. 80.
2. *CGP*, p. 80.

sin odio, quisiera decir que con alegría... No hay nada intolerable».[1]

A Tillion, encarcelada en París, le tortura pensar en el sufrimiento de los demás, porque para los ocupantes, todas las personas a las que conoces, todos tus seres queridos están a partir de ese momento bajo sospecha. En la cárcel es testigo de la ejecución de sus compañeros de lucha. Pero la cárcel y la angustia que conlleva le permiten también vivir una experiencia extraña: tras seis meses de encierro, siente «una sensación de paz y de alegría», «la profunda tranquilidad de poder liberarme totalmente del odio y de la obsesión por los crímenes alemanes». Eso no quiere decir que los condene menos, ni que renuncie a su ideal patriótico, pero consigue superar el maniqueísmo que excluye de la humanidad a los enemigos. Como en el caso de las motivaciones de su compromiso con la Resistencia, ahora puede reconciliar su deber patriótico con sus principios morales, que implican la pertenencia de todos los hombres a la misma humanidad universal. Por lo tanto, en adelante logra equilibrar el muy exigente y doloroso amor a su país con la necesidad de no rechazar nada de lo humano. En la cárcel, mediante el contacto cotidiano entre presas y vigilantes, esta sensación contagia también a estas últimas. «Es muy difícil odiar a personas a las que ves todos los días [...] Las vigilantes alemanas de Fresnes no nos odiaban.»[2]

El odio nunca es inevitable.

EL CAMPO DE CONCENTRACIÓN Y DESPUÉS

Tras catorce meses en cárceles francesas, envían a Tillion, sin haberla juzgado, al campo de Ravensbrück, donde la someten al régimen denominado «noche y niebla». La experiencia del campo, mucho más dura que la de la cárcel, vuel-

1. *FDV*, p. 167.
2. *FDV*, p. 195.

ve a transformar el tipo de insumisión que puede poner en práctica. Como en la cárcel, ya no se puede golpear al enemigo, pero deben reunir todas sus fuerzas más que en la cárcel simplemente para no perder lo que ella llama «el deseo visceral de vivir».[1] Postrada en la enfermería con fiebre alta, cuando acaba de enterarse de la muerte de su madre en otra parte del mismo campo, Tillion debe recurrir a todas sus fuerzas para no ceder a la desesperación: «Aquella noche, después de mucho pensarlo, decidí vivir».[2] En el campo, existir es resistir, es desbaratar los designios exterminadores de los nazis. Es también la condición necesaria para llevar a cabo la labor que deberán emprender si estas mujeres acceden a la libertad: dar testimonio e informar a todos del nivel de envilecimiento en el que se cayó en uno de los países más «civilizados» del mundo, y no para vengarse, sino para impedir que ese mal vuelva.

Un paso adicional, más arriesgado que el anterior, consiste en librarse de la obligación de trabajar, porque el trabajo exigido contribuye, aunque sea indirectamente, al esfuerzo de guerra alemán. Tillion logra esta hazaña durante varios meses escondiéndose en cualquier sitio y aprovecha su tiempo libre para observar la nueva sociedad a la que se ve enfrentada, no menos exótica que la de los campesinos auresianos a los que estudiaba los años anteriores. Esta curiosidad le permite a la vez no dejar que la invada la angustia. Las luces del análisis repelen las tinieblas en las que están sumidas las detenidas, les permiten distanciarse de sí mismas y protegerse.

Resistir es también no sucumbir al régimen del «cada quien a lo suyo», de «el hombre es un lobo para el hombre», que quisieran instaurar los vigilantes del campo, sobre todo porque este régimen es el más asesino. Por el contrario, preocuparse por los demás favorece la propia supervivencia. Es lo que Tillion llama «coalición de la amistad»: «Los hilos de

1. *FDV*, p. 239.
2. *FDV*, p. 229.

la amistad muchas veces parecieron sumergidos bajo la brutalidad desnuda del egoísmo, pero todo el campo estaba invisiblemente unido por ellos».[1] En un principio la ayuda mutua tiene lugar entre personas cercanas –que hablan la misma lengua o a las que han transportado en el mismo vagón–, pero también puede saltar estas barreras.

Como Etty Hillesum, Tillion intenta aliviar el sufrimiento de sus compañeras detenidas. Con este objetivo, hace que se beneficien de dos de sus cualidades. La primera es su experiencia de etnóloga, y de forma más general de especialista en ciencias sociales. Enseguida decide que tiene que estudiar la mecánica del campo de concentración y empieza a tomar notas en papeles que encuentra por ahí o entre las líneas del único libro del que dispone, una *Imitación de Cristo*. Dos movimientos siguen siendo solidarios: intenta entender el mundo, pero también introducir distancia entre ella y su experiencia. «Notas muy pobres que al principio sólo tomaba para medir el tiempo y mantenerme en estado de reflexión y de vigilancia más allá de mí misma.»[2] Gracias a esta preservación de sí, conserva intactas sus capacidades intelectuales y empieza a esbozar un auténtico estudio de la estructura y de las funciones del campo. Lo que le permite, un día de marzo de 1944, es decir, seis meses después de su llegada al campo, ofrecer una especie de conferencia «científica» sobre Ravensbrück a las compañeras que, como ella, piensan que entender mejor la situación puede ayudar a sobrevivir. «Desmontar mentalmente, entender una mecánica, aunque te aplaste, pensar lúcidamente, y con todo detalle, una situación, aunque sea desesperada, es una poderosa fuente de sangre fría, de serenidad y de fuerza de alma.»[3] Y el resultado está ahí, el saber desempeñó su papel protector. Sus antiguas compañeras de campo confirman el efecto beneficioso de esta «conferencia», como Geneviève de Gaulle-Anthonioz:

1. *RAV 3*, p. 33.
2. *RAV 3*, p. 12.
3. *RAV 2*, p. 76.

«Lo primero que hiciste fue darnos conocimiento. Porque a partir del momento en que tuviéramos conocimiento podríamos luchar contra algo».[1]

La segunda cualidad se apoya en la primera, pero le añade la dimensión humorística. En octubre de 1944, asignada a trabajar en un comando que se ocupa de clasificar el botín de los nazis, Tillion decide esconderse en una caja de cartón, donde, protegida por sus compañeras, escribe una de las obras más singulares surgidas de un campo de concentración: una «opereta-revista» que titula *Le Verfügbar aux enfers*.[2] Un *Verfügbar*, «disponible» en alemán, es un detenido vago que ha conseguido librarse de todos los comandos de trabajo, pero que por esta razón está especialmente expuesto a redadas mortales. Aunque *Le Verfügbar aux enfers* describe fielmente las condiciones de vida de las detenidas, adopta una forma insólita: la de una obra cómica. Los diálogos están interrumpidos por canciones que toman prestada la melodía del repertorio que en aquellos momentos todas conocían: operetas, canciones de cabaret, marchas militares, arias de ópera, etc. Los personajes bailan al son de las canciones y recitan poemas que emulan textos famosos de la literatura clásica. El procedimiento básico es la parodia, y el punto de partida es otra famosa parodia, *L'Orphée aux enfers* de Offenbach, que imita el *Orphée* de Gluck.

De esta manera, Tillion permite a sus compañeras introducir provisionalmente una distancia entre ellas y su vida. Ya no son sólo víctimas, sino también observadoras. La distancia procede de entrada del género elegido, una ligera y frívola opereta. Nada podría estar más alejado de la realidad cotidiana de las detenidas. Las mujeres van vestidas con harapos, pero se comportan como modelos; están agotadas, pero intentan bailar el cancán; las tratan como a animales, pero hablan con estilo refinado; están famélicas y feas,

1. *SGT*, p. 98.
2. *Le Verfügbar aux enfers, Une opérette à Ravensbrück*, La Martinière, 2005.

pero las llaman las *girls*... Estas descripciones discordantes, que permiten mantenerse «más allá de uno mismo», abarcan también circunstancias externas a las detenidas, la hipérbole cómica linda con la burla de uno mismo, y ambas provocan la risa liberadora.

Nos enteramos también de que uno de los mayores peligros que acechan a las detenidas procede de una actitud frontalmente opuesta a la toma de conciencia lúcida de la situación en los campos, a saber, abandonarse al sueño, la fe complaciente que se concede a los rumores sobre el fin de la guerra y la inminente liberación de todas las prisioneras. Estas certezas ilusorias las desarman y las vuelven más vulnerables a los golpes que siguen lloviéndoles y a las privaciones, que van a agravarse. Las más crédulas corren el riesgo de acabar siendo «joyas», equivalente femenino de los «musulmanes» en los campos de hombres. Por el contrario, reírse de uno mismo y verse como desde fuera les permite protegerse del mundo que los rodea, liberarse de la realidad y armarse en secreto.

Estas intervenciones no protegen a Tillion en todas las circunstancias. El peor golpe que recibe tiene que ver con el destino de su madre, Émilie Tillion, a la que detienen por complicidad con las actividades ilegales de su hija, en este caso por haber alojado a paracaidistas ingleses, y la hija no puede evitar sentirse responsable del destino de su madre. Durante un tiempo las dos mujeres están en la misma cárcel, pero después mandan a Germaine, sin su madre, a Ravensbrück, adonde llega a finales de octubre de 1943. Por lo tanto, espera que liberen a Émilie Tillion. Pero el 3 de febrero de 1944, mientras pasan lista, se entera de que su madre acaba de llegar al campo. Germaine hace todo lo que está en su mano para hacer menos dura la estancia de su madre, pero nada puede hacer contra la política de exterminio. El 1 de marzo de 1945, mientras está en la enfermería con fiebre muy alta, lanzan a Émilie Tillion a la cámara de gas, condenada a muerte por tener el pelo blanco. El sufrimiento de su hija, impotente, es inenarrable.

Tillion sobrevive al campo, del que sale en abril de 1945. El periodo siguiente es uno de los peores de su vida, dominado por un «cansancio absoluto y una lúgubre desesperación».[1] Sus amigos han sido fusilados, su madre y otros seres queridos han muerto en el campo, y su trabajo sobre los chaouis, que continuó con todo su cariño y acabó en la cárcel, ha desaparecido en Ravensbrück. Las pérdidas no son sólo materiales. Al salir del campo ya no es creyente. «Desde el fondo del abismo te llamamos y no respondiste.»[2] El mal que ha vivido en el campo es tan excesivo que acaba siendo incompatible con la idea de un mundo creado y ordenado por Dios. A este respecto su actitud es diferente de la de Etty. Quizá más grave para esta ferviente partidaria de la idea de que el conocimiento y la civilización ennoblecen el corazón de los hombres es que, en vísperas de la Segunda Guerra Mundial, el pueblo alemán estaba entre los más cultivados del mundo, era amante de la filosofía, de la literatura y de la música, pero nada de todo esto le impidió cometer las peores atrocidades ni actuar con la mayor crueldad. Lo mismo puede decirse de aquellos que, en Francia o en los demás países ocupados, aceptaron –o peor, celebraron– el advenimiento del nazismo, o colaboraron con él, o apoyaron la traición y la violencia. Tampoco ellos eran incultos. ¿La ciencia, la cultura y la educación no sirven de nada? Tillion no puede admitirlo, pero ello la obliga a concretar su apego a la Ilustración.

Asiste al juicio de los vigilantes de Ravensbrück, en ningún caso lamenta su condena, pero en todo momento sabe que estos verdugos no son monstruos anormales. Sigue intentando «diferenciar el crimen del criminal»[3] y sueña «con una justicia despiadada con el crimen y compasiva con el criminal».[4] Al observar de cerca a sus antiguos vigilantes y torturadores, Tillion descubre que no son totalmente dife-

1. *FDV*, p. 252.
2. *FDV*, p. 246.
3. *CGP*, p. 51.
4. *CGP*, p. 547.

rentes de ella. Ahora que tienen que defender su vida frente a
la mecánica judicial, que buscan con la mirada la simpatía
de sus seres queridos en la sala de audiencias, le parecen lo
que son: gente corriente. Sin embargo, el recuerdo del sufrimiento y del dolor que sintieron las demás detenidas y ella
misma sigue vivo. Tillion escribe: «Me doy cuenta de que,
aunque los odio, me dan pena, y esto me pone enferma».[1]

Cuando, en su libro *Ravensbrück*, reúne información de-
tallada sobre las diferentes categorías de altos mandos repre-
sivos, titula su capítulo de conclusión «Gente corriente». Tanto en la cárcel como en la enfermería, tanto entre los hombres
como entre las mujeres, por todas partes observa en la distribución entre buenos y malos «una media poco entusiasman-
te, pero no monstruosa».[2] E incluso el capítulo dedicado a
Heinrich Himmler, el hombre que carga con la mayor responsabilidad personal en el horror de los campos, se titula «Los
monstruos son hombres». Es el precio –elevado– a pagar si
queremos conocer y entender lo que sucedió durante estos
años sombríos, y si queremos también protegernos contra la
posibilidad de que regresen. Decirse que Himmler era un
monstruo sería tranquilizador. Pensar que era un chupatintas
mediocre y arribista es mucho más inquietante: «Ese vientre
es aún más fecundo que el de la Bestia».[3]

En los escritos que dedica a su experiencia de la deportación, Tillion intenta no sólo establecer escrupulosamente la
verdad de lo que ha sido, sino también valorarlo con justicia. ¿Qué es lo justo? Los ejemplos que ofrece para apoyar
esta afirmación son elocuentes. Contar los horrores nazis se
ajusta a la verdad, pero para ser a la vez justo hay que «mencionar *también* el calvario del pueblo alemán».[4] Los deportados que ocupaban posiciones jerárquicas superiores co-
metieron determinadas brutalidades, pero no reconocer los

1. *FDV*, p. 358.
2. *RAV 3*, p. 126.
3. *RAV 3*, p. 106.
4. *CGP*, p. 194.

muchos favores que hicieron a los demás detenidos habría sido injusto. La comprensión global del mundo debe aspirar a una justicia que englobe y trascienda todo sentimiento personal y toda verdad puntual.

Durante la Segunda Guerra Mundial, en la Resistencia o estando deportada, de vez en cuando Tillion (a diferencia de Etty) considera a los alemanes intrínsecamente malos. Su antipatía por los enemigos la lleva a atribuir al grupo una esencia negativa y totalmente diferente de la suya, y a buscar la explicación del mal en el origen y la filiación colectiva de las personas que lo cometen. Es difícil escapar a esta reacción en el momento del enfrentamiento, pero cuando empieza a escribir la historia, Tillion advierte: «Entre 1939 y 1945, como muchos, caí en la tentación de formular diferencias y apartar: "ellos" han hecho esto, "nosotros" no lo haríamos... Hoy en día no me creo una palabra y, por el contrario, estoy convencida de que no existe un pueblo que pueda librarse de un desastre moral colectivo».[1] En la época en que sus opiniones respondían al patriotismo más que a la preocupación por la justicia universal, condenaba en bloque a los alemanes, todos fanáticos, todos crueles y todos culpables. «Cuando, en 1940, ocuparon mi país, confieso haberlos mirado, a ellos y sus mentiras, a través de los cristales algo empañados de la mala fe, pero de eso hace veinte años, durante los cuales no he dejado de limpiarme las gafas.»[2]

Un episodio más tardío ilustra bien su integridad intransigente. En un juicio instruido en Alemania, en 1950, dos vigilantes de Ravensbrück son acusadas de haber decapitado con un hacha a detenidas francesas, lo que es una pura invención. Informan de este juicio a Tillion, que convence a su amiga Geneviève de Gaulle Anthonioz, que acaba de dar a luz, de que vaya con ella a Rastatt, donde tiene lugar el juicio, para testificar a su favor. Cincuenta años después, su amiga recuerda: «Me dijiste: "Si tenemos que seguir dicien-

1. *RAV 3*, p. 112.
2. *CGP*, p. 216.

do la verdad, también tenemos que decirla cuando nos cueste"».[1]

Una vez libre, Tillion retoma su trabajo científico en París, pero deja de lado el pueblo chaoui y se dedica a la historia reciente de su país. Al mismo tiempo no deja de intervenir en la vida pública para seguir ofreciendo resistencia a los regímenes totalitarios. A finales de 1948, otro antiguo deportado, David Rousset, conocido por sus dos obras sobre el «universo de los campos de concentración», hace un llamamiento a sus antiguos compañeros de campo. Lo que básicamente dice es que no basta con recordar los sufrimientos pasados, que el saber adquirido en los campos impone a los supervivientes el deber de luchar contra los campos que siguen en activo. Se ha vencido a la Alemania nazi, pero los campos siguen proliferando, sobre todo en los países comunistas, en la Unión Soviética, en la Europa del Este y en China. Este llamamiento cae como una bomba. Gran cantidad de antiguos deportados son comunistas, y la fidelidad al régimen soviético y al gran Stalin, vencedor del nazismo, es un dogma inquebrantable. Pero Tillion se suma de inmediato al llamamiento de Rousset. Su asociación de antiguos deportados la nombrará su representante para participar en las comisiones de investigación que se organizan a consecuencia del llamamiento y será miembro del «tribunal» simbólico que se reunirá en Bruselas. Los dos totalitarismos, nazi y comunista, no son idénticos, pero sí lo bastante similares para motivar esta nueva lucha. Para ella, la defensa de la verdad y de lo justo pasará siempre por delante de la fidelidad a un partido. Ahora resiste no sólo al enemigo exterior, sino a todo reclutamiento ideológico y a todo pensamiento que sólo sea cómodo.

Aun así, sufre un desgarro entre la solidaridad con una parte de sus compañeras de Ravensbrück, antiguas deportadas, y la verdad, que exige desvelar las informaciones sobre los campos de concentración que proliferan en la URSS y en

1. *SGT*, p. 99.

China. Una de sus compañeras, comunista, como muchas de ellas, le reprocha que trabaje en la comisión de investigación de David Rousset. Tillion le contesta que, por lo que ella sabe, en la URSS hay campos en los que muere gente por millares, sumida en el sufrimiento y la desesperación. A partir de ahí, todas las consideraciones sobre los posibles malos usos de la verdad son superfluas. «No puedo decir que algo no es verdad cuando pienso que es verdad.» Este respeto absoluto a la verdad estará incluso por encima de sus más fuertes apegos. «Si veo algo que mi propio país hace mal, intentaré impedirlo con todas mis fuerzas. ¿Por qué quieres que haga por la Unión Soviética más de lo que haría por Francia?»[1] Someterte de manera intransigente a las exigencias de verdad y de justicia te condena a una soledad segura.

En este momento Tillion sufre otro cambio interior. Siente que no basta con corregir la búsqueda de la verdad con la idea de justicia, que hay que dar un paso más, estar dispuesto a dejar atrás la alusión a principios abstractos y valorar sólo a las personas individuales, al margen de su afiliación política o nacional. La compasión debe servir de correctivo a la propia justicia. «Las causas sagradas no son eternas. Lo eterno (o casi) es la pobre carne sufriente de la humanidad.»[2]

FRENTE AL PODER COLONIAL

Diez años después de finalizada la Segunda Guerra Mundial, Tillion se ve implicada en otra forma de insumisión. El 1 de noviembre de 1954 empieza la serie de acontecimientos que más tarde llamaremos la guerra de Argelia. La policía reprime brutalmente los primeros pasos de la insurrección. A petición de varias personalidades y con el acuerdo del gobierno francés, Tillion va a investigar al territorio de la colonia argelina. Su objetivo inicial es informarse y, si

1. *CGP*, p. 212.
2. *CGP*, p. 210.

es posible, impedir que la violencia se extienda, en concreto la que puede sufrir la población argelina.

Su intervención en la guerra de Argelia pasará por dos fases muy distintas.

Durante la primera, que empieza a finales de 1954 y se prolonga hasta principios de 1957, le da la sensación de que el remedio para la nueva situación dramática es ante todo de tipo económico y social. Visita el país durante dos meses y descubre una situación deplorable. La antigua economía de subsistencia ha estallado bajo el efecto de la colonización. Las vacunas han hecho caer la mortalidad infantil, la población ha aumentado bruscamente y la tierra seca no puede alimentarla. Los campesinos, desesperados, se desplazan a las ciudades, o más bien a los suburbios, donde sufren un proceso que Tillion denomina «pauperización». Al no estar preparados para los trabajos de la ciudad, quedan reducidos a la miseria y las familias se desintegran. Consultada por Jacques Soustelle, nuevo gobernador de Argelia, aunque también etnólogo de formación y colaborador de De Gaulle durante la guerra, Tillion propone crear en todo el país una nueva institución, los centros sociales, centros de formación que acojan tanto a niños como a niñas, tanto a niños como a adultos, donde les enseñen los mínimos conocimientos necesarios para sobrevivir en las nuevas condiciones, incluyendo conocimientos médicos, técnicos y administrativos.

El análisis que sustenta esta propuesta será objeto de un folleto titulado en un principio *L'Algérie en 1956*, y que el año siguiente se convertirá en el primer libro que publica Tillion con el engañoso título de *L'Algérie en 1957*. Su objetivo es arremeter contra las raíces sociales y económicas del malestar que ha llevado a la insurrección y ofrecer ayuda a toda la población, no a algunos individuos. Este trabajo debe llevarse a cabo en el marco administrativo de la colonia. Tillion teme que la independencia inmediata aumente la pobreza de la población autóctona. En definitiva, considera que la lucha por la igualdad es prioritaria respecto de la lucha por la libertad.

Las posiciones de Tillion evolucionan a medida que cambia la situación del país. Un primer punto de ruptura se sitúa en enero de 1957, cuando los poderes de la policía en Argelia son transferidos al ejército y tiene lugar la «batalla de Argel», que en realidad nada tiene de batalla, porque se trata de una represión despiadada de la revuelta, en la que además se generaliza la tortura. Respecto de sus convicciones, Tillion sitúa el momento decisivo seis meses después, en junio de 1957, cuando vuelve a Argelia en el marco de la comisión organizada por Rousset para investigar sobre las cárceles y otros centros de detención. Entonces puede calibrar el estallido del odio en los dos bandos beligerantes, la generalización de la tortura por parte del ejército, y la violencia de los atentados indiscriminados contra la población civil francesa. Entiende que la lucha por la independencia ya no puede detenerse, pero no intenta explicar esta actitud en términos políticos.

Tillion descubre también la similitud con el conflicto anterior, aunque los papeles se hayan invertido. Ahora son los luchadores argelinos los que *resisten* al ejército francés. «La Francia liberal, democrática y socialista aplica también, a su manera, lo que estigmatizamos hace unos años en los nazis. Lo que demuestra que ningún pueblo queda al margen de la posibilidad de que este mal absoluto lo infecte.»[1] Tampoco en este caso se trata de identificar totalmente el régimen nazi con la guerra colonial, sino de compararlos parcialmente, aunque basta para obligarla a volver a revisar su idea de la resistencia.

El cambio que ha tenido lugar en la posición de Tillion es doble. En primer lugar, constata que no hay que creer las razones que esgrimen los adversarios para legitimar sus actos. Muy a menudo se dejan atrás rápidamente estas razones, y los actos de guerra se explican mejor como respuesta a la agresión sufrida en la fase previa del conflicto. La violencia pasada justifica la contraviolencia de las represalias.

1. *CGP*, p. 45.

La proximidad y la similitud entre los que luchan en los dos bandos opuestos llevan a Tillion a forjar el concepto de «enemigos complementarios», título del libro que dedica a la guerra de Argelia, que designa una situación en la que todos legitiman su propia violencia en la del otro: «Para unos, el terrorismo justificaba la tortura, mientras que la tortura y las ejecuciones capitales hacían lícitos (en opinión de los otros) los atentados más asesinos».[1] Además, como dice al referirse al «terrorista» más buscado y al dirigente de la represión: «Naturalmente, la "buena conciencia" de Massu es Ali la Pointe. Y a la inversa, la "buena conciencia" de Ali la Pointe es Massu. Rigurosamente sin salida».[2] La ley inmemorial del talión sigue regulando los comportamientos. Esta simetría es tanto más trágica cuanto que en general a cada golpe de un bando debe responderse con un golpe más fuerte, en una escalada sin fin.

Tillion retoma el tema de los «enemigos complementarios» en un texto más tardío (publicado en 1992), titulado «Justos y traidores». Recupera este último término no en su sentido habitual, aunque le resulta familiar (hemos visto que ella misma es víctima de una traición que la envía a la cárcel y a la deportación), sino invirtiendo la condena a ciertos personajes históricos acusados de traición porque estaban dispuestos a escuchar el punto de vista de los demás, incluidos los adversarios. En otras palabras, los «traidores», en este sentido concreto, son los que se niegan a obedecer la lógica de los enemigos complementarios. «En la guerra de Argelia, la más atrozmente íntima de las guerras, los adversarios –es decir, una mayoría frustrada y combativa, y una minoría posesiva y armada– califican de traidores a todos los que rechazaban la masacre indiscriminada.»[3] Sigue una larga enumeración de aquellos a los que los franceses de Argelia habían calificado de traidores a su causa: algunos anti-

1. *CGP*, p. 545.
2. *CGP*, p. 685.
3. *CGP*, p. 295.

guos gobernadores de Argelia, un *pied-noir* como Albert
Camus, y los seis inspectores de los centros sociales, asesinados por la OAS unos días antes de que se firmara el alto el
fuego definitivo. Asesinados por haber colocado deliberadamente su pertenencia a un grupo por debajo de la que les
vinculaba a «la familia humana», destino del que Tillion
escapó por poco.
Este uso sorprendente de la palabra *traidor* pone de
manifiesto una toma de partido de Tillion. Rechaza todo
espíritu de clan, de tribu, de manada y toda lealtad de grupo, que la obligaría a transigir con los principios de lo verdadero y de lo justo. Sólo reivindica dos fidelidades, la fidelidad a los amigos, por lo tanto a personas individuales, y la
fidelidad a la humanidad. Por lo tanto, «traicionar» al grupo pasa a ser legítimo. Por lo demás, la historia continúa y
se repite. Del mismo modo, en 2014, los palestinos desesperados, atrapados en el engranaje de las violencias recípro-
cas, califican al presidente de la autoridad palestina, que intenta encontrar una solución pacífica al conflicto con Israel:
es «el traidor de los traidores».[1] Reflexionando sobre este
último conflicto, Tillion no ve solución pacífica si tanto una
parte como la otra no renuncian a la lógica de los «enemigos
complementarios». «Daos prisa, israelíes, en excluir la palabra *terrorista* de vuestro vocabulario. Vosotros fuisteis
tan terroristas como vuestros adversarios. Tratar hoy como
amigos a vuestros enemigos es la última baza de vuestro
juego.»[2]
Pero incluso cuando la lucha se lleva a cabo en nombre de
un ideal digno de respeto, y no simplemente como medida
de represalias, Tillion se ve situada ante un problema irresoluble. Se trata del conflicto interior entre dos apegos de origen
distinto, pero de la misma intensidad, uno fundado en el patriotismo, y el otro, en «la extrema compasión que me inspi-

1. *Le Monde*, 20 de noviembre de 2014.
2. *CGP*, pp. 396-397.

ran las desgracias del pueblo argelino».[1] Ahora su opción consistirá en no elegir. Como dirá mucho después: «Me niego a matar a uno para salvar al otro»,[2] una frase similar a la de Gandhi (véase p. 49). Recordemos que Camus, en una conversación posterior a la adjudicación del Premio Nobel, asegura preferir a su madre que la justicia, el amor a las personas que los principios abstractos. En una memorable carta abierta a Simone de Beauvoir, de 1964, Tillion escribe: «Ni he roto con la justicia por amor a Francia, ni con Francia por amor a la justicia». ¿Cómo es posible?

El único medio que encontró para interrumpir el fatal engranaje no fue elegir la buena causa contra la mala, sino renunciar a matar en nombre de una buena causa. «No "elegí" a qué personas salvar. Salvé deliberadamente a todos los que pude, argelinos y franceses de todas las opiniones.»[3] No someterlo todo a un fin, por noble que sea, sino poner límites a los medios utilizados: no matar y no torturar. Por lo tanto, la insumisión que se debe buscar ya no se sitúa entre dos fuerzas enfrentadas, sino dentro de cada uno. La segunda lección que saca de esta guerra es que debemos resistir a la barbarie que se apodera de nosotros cuando queremos llegar a toda costa al objetivo que perseguimos.

Los que sufren no son ni las causas ni los proyectos, sino las personas, y a ellas quiere ahora ayudar Tillion. A partir de este momento (verano de 1957) y hasta el final de la guerra, incluso después, dedicará efectivamente sus principales esfuerzos a proteger a individuos, y se opone a las ejecuciones y a la tortura, pero también a los atentados indiscriminados, como atestiguan sus arriesgadas conversaciones con Yacef Saadi, jefe militar de la zona de Argel. La prioridad que concede al sufrimiento de los individuos en detrimento de las causas que defienden al final la separa de Camus, a quien antes se había sentido muy cercana:

1. *CGP*, p. 566.
2. *CGP*, p. 725.
3. *CGP*, p. 725.

«Tomé más partido y defendí a personas a las que él no habría defendido».[1] Los insurgentes argelinos matan en nombre de la libertad y la independencia, y el ejército francés mata en nombre de la defensa de la patria. A diferencia de los ideólogos que debaten estos problemas en París, ella se enfrenta muy de cerca a las realidades de la guerra y a sus consecuencias, así que no puede pasarlas por alto. Para ella, las causas en nombre de las que se lucha cuentan menos que los sufrimientos que soportan las personas. «En esta guerra de Argelia tan espantosamente íntima, el enemigo es un antiguo compañero de clase y de juegos [...] Palabrerías al margen, en la vida real y cruel, las personas se vieron atrapadas en la intersección de corrientes que después las arrastraron hacia un lado o hacia otro.»[2]

El cambio de posición de Tillion es más radical que sustituir un proyecto político por otro. Consiste en dejar de buscar por sí misma una respuesta global al conflicto. «La familia humana no tiene bandera»,[3] escribe en otra ocasión. En respuesta a una crítica de Pierre Nora, que la incluía entre los «liberales» que «sólo ven a individuos», Tillion replica que «tiene razón en incluirme». Afirmación paradójica para una etnóloga, cuyo trabajo consiste en estudiar el comportamiento de los grupos; inadmisible para un político, que actúa en nombre del bien de su colectividad; pero afirmación justa para cualquiera que asuma un comportamiento moral. Durante este periodo de la guerra de Argelia, Tillion decide oponerse no a Francia, ni a Argelia, sino a las fuerzas intolerantes y extremistas presentes en ambos bandos. Intenta luchar no contra una u otra facción, sino contra una pulsión que puede ponerse de manifiesto en todos. Así, el único horizonte común que puede contemplar es lo que llama «la política de la conversación»: sentarse alrededor de una

1. *CGP*, p. 64.
2. *CGP*, p. 276.
3. *CGP*, p. 298.

mesa, mirarse uno a otro a los ojos, dirigir la palabra al otro y luego escucharlo, y estar dispuesto a colocarse provisionalmente en su lugar para entenderlo. Apostar por nuestra humanidad común en lugar de por la fidelidad al grupo. Comparado con la victoria militar de un bando sobre otro, este proceso es lento, de resultados inciertos y un trabajo de Sísifo, pero las soluciones a los conflictos conseguidas por consenso son más prometedoras que las que exigen que un enemigo aplaste al otro.

UNA LECCIÓN DE VIDA

Tillion representa una concepción de la insumisión diferente de la de Etty. Empieza implicándose activamente en la lucha de algunos franceses contra el ocupante alemán. A partir del momento en que ve caer a sus compañeros bajo los golpes de la Gestapo, acepta recurrir a la violencia. Aunque jamás le sucede, está mental y moralmente dispuesta a matar. Sin embargo, no pasa por alto los puntos ciegos de la actitud militante. Pide pues que jamás se transija con la verdad y, aunque se enfrenta al ocupante, aspira también a liberarse de todo odio. Acaba diferenciando dos tipos de conflictos. Durante la Segunda Guerra Mundial, franceses y alemanes no son «enemigos complementarios», y los que luchan no se parecen, porque los unos atacan y los otros se defienden. No hay razón para dudar de la causa que debe defenderse. Para los franceses la intervención militar es imperativa. No sucede lo mismo en la guerra de Argelia. Esta vez Tillion entiende desde dentro la opción de los dos grupos y puede reconocerse tanto en uno como en el otro. Al principio, el conflicto era inevitable. Por esta razón, adopta una actitud muy diferente de la anterior (y mucho más parecida a la de Etty): intenta salvar vidas humanas y aliviar los sufrimientos, y se convierte también ella en «un bálsamo para tantas heridas». Permite así articular dos posiciones, la resistencia sin odio y la preocupación por las personas.

A lo largo de toda su vida, Tillion se movió por un impulso hacia los demás, por el deseo de ayudarlos y defenderlos. Pero nunca se ocultó a sí misma que la especie humana no siempre es digna de admiración. Su experiencia durante la Segunda Guerra Mundial reforzó esta sensación y no se privó de aludir a «la vertiente atroz de la humanidad»[1] y de recordar que la humanidad es algo peligroso. La cruel guerra de Argelia disipó sus últimas ilusiones. Sin embargo, no decidió quedarse al margen, dividir la raza humana en buenos y malos, y reservarse un lugar entre los primeros. Por el contrario, siempre quiso considerarse responsable de lo que sucede en el mundo, incluso en los peores momentos. «Somos solidarios y corresponsables de todos los crímenes cometidos por toda la humanidad, en la medida en que nos desentendimos de ellos.»[2] En lugar de enorgullecerse de formar parte de la tribu de los héroes o de la de las víctimas, ella y los que son como ella aceptan contarse entre los culpables.

Saber que la humanidad es capaz de las peores infamias no impide que Tillion sea indulgente, porque sabe que el mal no es inevitable ni omnipresente. «No hay auténticos mediocres en sentido moral»,[3] escribe al final de *Ravensbrück*, libro que sin embargo narra una larga inmersión en una de las peores manifestaciones del mal que hemos vivido en nuestra época. El hombre lo es todo, lo peor y lo mejor, dice en otra ocasión. Desde su juventud, su relación fundamental con los demás procede de un movimiento que la lleva hacia ellos, al que denomina «simpatía». Otra palabra quiere decir en el fondo lo mismo, la «compasión», esa virtud cristiana (y budista) que hoy en día se ha hecho laica y que los Evangelios ponen por encima de la propia justicia.

Eso explica el carácter de sus últimas intervenciones en la vida pública, posteriores a la guerra de Argelia. Quiere ayudar a personas que sufren, aunque conoce bien sus fallos. Es

1. *CGP*, p. 423.
2. *FDV*, p. 180.
3. *RAV 3*, p. 306.

lo que sucede con la población de las cárceles, que no está formada sólo por santos. Tillion siente «una extrema y atenta compasión por todos aquellos que están presos».[1] Como ha descubierto la realidad de las cárceles en 1942 y ha sufrido «chinches totalmente francesas» cuya existencia en absoluto le molestaba cuando vivía en libertad, Tillion decide, al volver de la deportación, no dejar de interesarse por las condiciones de vida carcelaria. No tarda en visitar las cárceles, y hasta el final de su vida sigue enviando paquetes a los prisioneros.

Pero aprovecha también una visita al gabinete del ministro de Educación para proponer su remedio favorito contra la miseria, que consiste de nuevo en hacer la educación accesible a todos. Gracias a sus intervenciones, hoy en día en Francia se pueden seguir estudios normales estando preso, se puede entrar en la cárcel siendo analfabeto y (si se pasa en la cárcel el tiempo suficiente) salir con un doctorado.

¿Era necesario, en 1998, meter en la cárcel a Maurice Papon, antiguo funcionario de Vichy? Tillion cree que no: «Es el único que expía hoy por todos los funcionarios de Vichy. Me parece lamentable». ¿A quién amenaza hoy? «Odio que encierren a las personas sin necesidad.»[2] El objetivo de la justicia debería ser protegernos de los peligros actuales, no castigar los errores pasados. Es preciso impedir los delitos, pero, una vez logrado este objetivo, ya no es necesario encarcelar.

O las víctimas de la tortura: junto con otros antiguos resistentes, firma en el año 2000 un llamamiento pidiendo el reconocimiento oficial de estas prácticas durante la guerra de Argelia. «La tortura es un delito, incluso y sobre todo cuando tu propia patria resulta ser culpable.»[3] ¿Quiere eso decir que la justicia debe hoy perseguir a los torturadores del ejército francés de la época de la guerra de Argelia? Tillion, que ha luchado contra la tortura desde los años cincuenta, lo rechaza:

1. *EGT*, p. 123.
2. *CGP*, pp. 388, 401.
3. *CGP*, p. 400.

«Debemos condenar la tortura, pero no a las personas».[1] La indignan además las ejecuciones capitales. La pena de muerte es para ella «un asesinato de Estado».[2] Pero también la actitud irresponsable de la Iglesia católica, que se niega a recomendar que se limiten los nacimientos. Tillion se pronuncia también, siempre al margen de toda acción política, contra la ablación del clítoris, los matrimonios forzosos y la esclavitud en los lugares en los que aún se practica.

Tillion consigue defender una posición que en absoluto se apoya en una visión beata de la humanidad, pero que tampoco pretende oscurecerla excesivamente. «Desgraciadamente, me veo abocada a pensar que la violencia no es un fenómeno reciente, sino un fenómeno humano que ha existido en nuestro pasado y nuestro legado [...] También es seguro que la violencia humana es básicamente masculina [...] La adolescencia masculina es un periodo de especial violencia.»[3] Al mismo tiempo, sigue siendo sensible a otras facetas más prometedoras de la humanidad. El hecho de que el niño humano «no sea viable hasta que ha cumplido siete u ocho años» tuvo consecuencias profundas en nuestra constitución psíquica: «La intimidad física del recién nacido con su madre probablemente explica cierta disposición a la felicidad, que luego dura toda la vida».[4]

Aunque en su juventud había sido católica practicante, Tillion perdió la fe tras las adversidades sufridas en la deportación. Pero le gustaba decir que «he conservado las demás virtudes teologales, la esperanza y el amor». El amor altruista, en forma laica, que llama también compasión, le parece el legado más importante del cristianismo: «Atribuye a la compasión la posición primordial, porque los Evangelios la colocan por encima de la justicia».[5] Tillion toma su pro-

1. *CGP*, p. 388.
2. *EGT*, p. 301.
3. *SGT*, p. 368.
4. *TDM*, pp. 33-34.
5. *CGP*, p. 411.

pio camino y hace una elección fuerte: renuncia a las luchas colectivas –y a los discursos que las justifican– y en adelante sólo se preocupa de las personas desamparadas. Su humanismo mantiene un único valor sagrado: la dignidad de los seres humanos tomados de uno en uno.

Borís Pasternak

Lo primero que nos planteamos frente al régimen comunista es la mera posibilidad de la insumisión. La represión es despiadada, especialmente durante el reinado de Stalin, desde finales de los años veinte hasta su muerte, en 1953. Sin embargo, es posible no someterse, y la virtud moral puede convertirse en un acto político, como observamos en el caso de varios escritores que vivieron en la Unión Soviética. Elijo a dos figuras emblemáticas de dos generaciones sucesivas: Borís Pasternak, nacido en 1890, y Aleksandr Solzhenitsyn, nacido en 1918. Aunque muy diferentes en varios puntos, les une el hecho –para nada anecdótico– de que ambos reciben el Premio Nobel de literatura por obras que no pueden publicar en su patria y que consideran que desafían al poder político.

Pasternak empezó su carrera literaria[1] antes de la Revolución de Octubre (1917), que recibirá con cierta indulgen-

---

1. Los escritos de Pasternak están publicados en ruso con el título *Polnoe sobranie sochinenij,* en once volúmenes, Moscú, Slovo, 2003-2005, y su correspondencia ocupa los tomos VII a X. Mis citas remiten a la edición anterior, en cinco volúmenes, *Sobranie sochinenij,* Moscú, Khudozhestvennaja Literatura, 1989-1992 (abreviado como *SS*), y las cartas ocupan el tomo V. En francés disponemos de las *OEuvres,* Gallimard, «Bibliothèque de la Pléiade», 1990. Mis citas remiten a *Écrits autobiographiques. Le Docteur Jivago,* Gallimard-Quarto, 2005 (abreviado como *EA*). Se han publicado varios volúmenes de cartas traducidas, en especial: *Correspondance 1910-1954* (con Olga Freidenberg), Gallimard, 1987; *Lettres aux amis géorgiens,* Gallimard, 1968; *Seconde*

cia. La admira como culminación del destino colectivo, y la condena como violencia que se inflige a los individuos. Está convencido desde muy pronto de que el deber de todo creador es escuchar atentamente el mundo y convertirse en intérprete de los sentimientos que sacuden a su pueblo. Por lo demás, forma parte de una generación de escritores y de intelectuales rusos que, en vísperas de la Primera Guerra Mundial, tienen una visión apocalíptica del mundo y desean un conflicto general del que pueda salir un mundo mejor. Por esta razón, incluso cuando no suscriben la ideología comunista, les resulta muy atractiva la idea de la Revolución y olvidan que no es más que otra manera de llamar a la guerra civil, en muchos sentidos la peor de las guerras. Nadezhda Mandelstam cuenta en sus memorias que era el caso de su marido, el poeta Ósip Mandelstam, por lo demás totalmente ajeno al espíritu revolucionario, y añade este comentario: «El papel determinante del doblegamiento de los intelectuales respondió no al miedo o a la corrupción (aunque ni el uno ni la otra faltaron), sino a la palabra «revolución», a la que no querían renunciar bajo ningún concepto. Esta palabra conquistó no sólo las ciudades, sino también pueblos enteros».[1]

Hacia el final de su vida, Pasternak se liberará de la fascinación por la Revolución. Sabe entonces que sus objetivos pueden parecer sublimes, pero también que su grandeza ciega a sus partidarios respecto de los medios que deben llevar a ella. Concretamente, su antigua admiración por Lenin ha quedado sustituida por una valoración más equilibrada: «Con la fiebre del genio, sin dudar lo más mínimo, [Lenin]

naissance, lettres à Zina, Stock, 1995, y *Correspondance avec Evguénia* [su primera mujer], Gallimard, 1997. Las cartas a Ivinskaya están publicadas en su libro de memorias, Olga Ivinskaya, *Otage de l'éternité*, Fayard, 1978; las cartas a Shalámov, en Varlam Shalámov, *Correspondance avec Boris Pasternak et Souvenirs*, Gallimard, 1991.

1. Nadejda Mandelstam, «Médecins et maladies», *Contre tout espoir, Souvenirs*, tomo I, Gallimard, 2012, p. 159.

asumió la responsabilidad de un baño de sangre y de destrucción como el mundo no había visto jamás».[1]

Todavía no está en ese punto a principios de los años treinta, y aún no se le ocurre ni tiene el valor de implicarse en una resistencia moral. Por eso resulta tan instructivo observar cómo llegará a implicarse. En esa época, las informaciones que le llegan de fuentes diversas alimentarán su escepticismo frente al poder oficial. La más importante de ellas tiene que ver con la represión que provoca la colectivización forzosa de la tierra. Pasternak tiene ocasión de observarlo en directo durante un viaje colectivo a los Urales, donde se supone que los escritores encontrarán la inspiración para sus futuras obras. Prudente, en ese momento no deja rastro escrito de sus impresiones, aunque las comenta con sus seres queridos. Su (segunda) mujer, Zina, que lo acompaña en este viaje, recuerda: «Desde el primer día se acercaban a nuestras ventanas campesinos pidiendo limosna y un trozo de pan [...] Borís [...] no podía soportar la hambruna que nos rodeaba, dejó de comer platos refinados, se negaba a seguir recorriendo la zona y decía a todo el mundo que ya había visto bastante». No se atreve a contar por carta lo que ha visto y sólo indica a su prima y confidente Olga Freidenberg: «Te contaré esta epopeya agotadora y siniestra la próxima vez».[2]

Hasta veinte años después no compartirá abiertamente su experiencia, como hace con el antiguo deportado Varlam Shalámov: «Mendigos merodeaban por los vagones, vestidos con ropa meridional tejida a mano y pidiendo pan. En las vías, interminables convoyes con familias enteras, niños, gritos y berridos, todo ello bajo la vigilancia de soldados. Eran los antiguos kulaks [campesinos supuestamente acomodados], a los que mandaban a morir al norte». Pasternak cuenta a otro testigo: «Caí enfermo. Durante todo un año

1. *Hommes et Positions*, en *EA*, pp. 211-212.
2. *Seconde naissance, lettres à Zina*, p. 297; a Olga Freidenberg, 11 de julio de 1932.

no podía dormir».[1] Sin embargo, al final de ese año de insomnio escribe a su prima y a la madre de ésta: «Tanto en las purgas del partido como en el patrón de opiniones artísticas y morales, en la conciencia y en el lenguaje de los niños, vemos ya formarse no sé qué verdad, que aún no tiene nombre y que constituye la verdad moral del régimen y el carácter de momento insoportable de su imperceptible novedad». Piensa que el sueño prerrevolucionario de un mundo mejor está haciéndose realidad, que «el mundo nunca ha visto nada [...] más libre que esta realidad nuestra».[2] Nos da la impresión de que miente en su visión del mundo para ajustarse a la sociedad que lo rodea. Al no poder cambiar la realidad que lo rodea, intenta modificar su imagen de ella. Él, que ya ni siquiera puede comer, hace piña con el mundo, como si quisiera aliviar su asco.

En estas circunstancias, en agosto de 1934, se reúne el primer congreso de la Unión de Escritores Soviéticos. Lo preside Máximo Gorki, que ha vuelto de su exilio dorado en Capri. Es momento de estar unidos, y se dejan provisionalmente de lado las disputas entre diferentes grupos de literatos. En 1932, en una reunión con Stalin a la que Pasternak no asistió, los escritores recibieron del jefe una definición de su arte que les parece halagadora: están destinados a ser «los ingenieros del alma humana». En realidad, la fórmula anuncia su alistamiento al servicio de la reeducación de toda la población en una mentalidad conforme con la doctrina comunista. De momento, podemos pensar que tienen cabida tanto los autores directamente implicados al servicio de la lucha revolucionaria como aquellos a los que, retomando una expresión de Trotski, llaman «compañeros de viaje», y entre ellos Pasternak es uno de los más prestigiosos. En el congreso ocupa la tribuna de honor, y sus apariciones son recibidas con aplausos. Bujarin, viejo bolchevique que ya no forma parte de la cúpula de la dirección del partido, pero

1. A Varlam Shalámov, p. 169; *SS*, III, p. 664.
2. A Olga Freidenberg, 18 de octubre de 1933.

sigue siendo un personaje influyente, presenta un informe sobre la poesía. Describe a Pasternak como «uno de los maestros del verso más importantes de nuestro tiempo». Al concluir el congreso, el poeta será elegido miembro de la dirección de la Unión.

Después del congreso, Pasternak no siente especial euforia, como si en el fondo sintiera que ese «acceso al trono» lo aleja de sí mismo y del contacto con la verdad, sin el cual no hay escritura. La impresión principal del congreso que ofrece a un amigo escritor es la rapidez con la que pasaban del calor al frío, las alegres sorpresas seguidas de conclusiones devastadoras. Se queja a su prima de las no deseadas consecuencias de su nueva posición de favorito del régimen: el teléfono no deja de sonar y lo llaman de todas partes, «como si fuera una chica mantenida al servicio de la sociedad». En ese momento, en diciembre de 1934, el asesinato de Kírov, dirigente bolchevique de Leningrado, sirve de excusa para que se intensifique el terror. Pasternak piensa en escribir en prosa, en un estilo parecido al de Dickens. En una carta a su prima, se pregunta por qué últimamente lo halagan tanto y luego expresa sus sentimientos políticos del momento: «A medida que pasa el tiempo, y pese a todo, tengo una gran fe en todo lo que se hace en nuestro país [...] A pesar de todo, teniendo en cuenta que, en el fondo, Rusia y sus recursos no han cambiado, nunca hemos apuntado tan lejos y con tanta dignidad, y partiendo de bases tan vivas y poco rutinarias».[1] Nos da la impresión de que asistimos a un tira y afloja entre verdad y mentira, entre denuncias y negaciones.

En el momento en que Pasternak escribe estas frases, era, como escribirá más adelante, «como un alma en pena, y los insomnios, que duraban ya casi un año [es decir, desde el congreso de escritores], me situaban al límite de la enfermedad mental».[2] No podemos obligarnos impunemente a lla-

1. A S. Spasski, 27 de septiembre de 1934; a Olga Freidenberg, 30 de octubre de 1934; a la misma, 3 de abril de 1935.
2. *Hommes et Positions*, en *EA*, p. 200.

mar verdadero a algo que en nuestro fuero interno consideramos falso. Su depresión se agrava y pasa una temporada
en una clínica de reposo. Sin embargo, se ve obligado a responder a otra solicitud.

En esta época, la estrategia de la Internacional Comunista, el Komintern, consiste en incentivar en Occidente la reunión de todas las fuerzas antifascistas para formar frentes
populares. En esa misma línea, en junio de 1935 se celebra
en París un congreso internacional de escritores por la defensa de la cultura. En un primer momento, Pasternak,
deprimido y enfermo, se niega a asistir, pero el poder soviético
insiste y asegura que su presencia es indispensable, puesto
que su reputación de personalidad independiente ha llegado
a Occidente. Como no tiene elección, asiste. En París conoce a escritores de renombre, entre ellos André Gide y André
Malraux, entonces sensibles a la propaganda comunista.
Pasternak muestra poco interés por el congreso. Ha preparado un texto para su intervención, pero sus colegas soviéticos le aconsejan que no lo lea en público. Diez años después
recuerda que su discurso improvisado era básicamente la
siguiente recomendación, sorprendente e incluso desgarra-
dora en el marco de una reunión antifascista: «En este contexto sólo puedo deciros una cosa: ¡No forméis una organización! La organización es la muerte del arte. Lo único que
importa es la independencia personal».[1] Malraux traduce el
discurso y lee en francés un poema suyo. La sala aplaude a
rabiar. Que le den tanta importancia le resulta insoportable,
le da la impresión de ser un impostor, incluso un usurpador.
Aplauden a un hombre hecho pedazos.

Durante su estancia en París, Pasternak ve a Marina
Tsvietáieva, que vive en esta ciudad desde 1925. Se habían
conocido en Moscú poco después de la revolución y se habían
caído bien, pero no se habían hecho amigos. A mediados de
los años veinte, cada uno lee el último libro del otro y descubre en él a un alma gemela. Pasternak ama a Tsvietáieva a

1. A Isaiah Berlin, citado en *SS*, IV, p. 883.

distancia y la presenta a Rilke, con quien mantiene contacto, pero aunque ella siente por él una gran admiración, no comparte sus sentimientos. Aun así, espera este encuentro con impaciencia, aunque el resultado será para ella una gran decepción. Como Pasternak está deprimido, no le presta especial atención y se comporta como un hombre banal que sólo piensa en los regalos que se llevará a su casa. En cuanto a ella, una cuestión la atormenta: ¿debe volver a la URSS, como le piden su marido y su hija, o quedarse en Occidente, como le aconseja su criterio personal? Pasternak está encantado de conocer al marido y a la hija. A la lacerante pregunta de su amiga, responde con dudas. «No tenía una opinión sólida sobre el tema. No sabía qué aconsejarle.»[1]

De vuelta a casa, sigue deprimido. Escribe a su primera mujer: «Este viaje ha sido una pesadilla, un calvario, no lo considero mío, *¡no ha sucedido!*».[2] En otoño de este año, al enterarse de que un joven poeta se ha suicidado, escribe el poema «Funeral de un compañero», en el que dice: «Las páginas del siglo suenan más alto / que las justicias e injusticias particulares».[3]

UNA FUGA A DOS VOCES[4]

¿Cómo explicarse que coexistan estas dos visiones contradictorias? Por una parte, Pasternak conoce los resultados de la colectivización de la tierra, la hambruna de los campesinos, la deportación de los kulaks, el espejismo de las liberta-

1. *Hommes et Positions*, en *EA*, p. 200. Para el punto de vista de Tsvietáieva sobre estos mismos acontecimientos, véase Marina Tsvietáieva, *Vivre dans le feu*, presentado por T. Todorov, Robert Laffont, 2005, pp. 259-261. [Traducción española: *Confesiones*, Barcelona, Galaxia Gutenberg, 2009];
2. A Genia Pasternak, 16 de julio de 1935.
3. *SS*, II, p. 12.
4. Para el siguiente apartado he consultado las informaciones reunidas por Benedict Sarnov en el capítulo dedicado a Pasternak de su libro *Stalin i pisateli*, Moscú, Eksmo, 2008.

des que se conceden a los escritores, las purgas en el partido y en el país, y la ejecución de individuos totalmente inocentes. Y por otra parte, en las cartas que manda a su prima y amiga Freidenberg, no a cualquier personaje oficial, afirma que ve despuntar una nueva verdad moral del régimen y asegura que nunca se ha visto nada tan digno. En esta misma época, se abstiene de advertir a Tsvietáieva, autora a la que más estima, que no vuelva a la URSS. Y ante la muerte de un joven desesperado, prefiere decir que el avance de la historia es más importante que las injusticias que viven los individuos. ¿Para explicarse esta profunda contradicción basta con aludir a la euforia por su nuevo amor, a la influencia de su segunda esposa, soviética convencida, a la que le gusta decir: «A quien más quieren mis hijos es a Stalin, y luego a mí»?[1] ¿O el placer de pasar temporadas en Georgia y de relacionarse con georgianos, o la satisfacción del orgullo que siente, más de lo que él mismo cree, cuando sube al estrado en los congresos oficiales? Cabe pensar que esta ambivalencia responde a una razón más profunda, que procede de una experiencia que vive en ese momento: entra en contacto con el dirigente supremo del país, Stalin.

A Stalin no le interesa sólo controlar absolutamente el poder y adaptar la doctrina comunista a las cambiantes necesidades del país. Este antiguo seminarista y ex joven poeta prometedor también quiere intervenir en todo momento en la dirección de las actividades artísticas, en especial las literarias. Pasternak se había reunido con él por primera vez en el invierno de 1924-1925, junto con Mayakovski y Esenin. Stalin invitó a los tres poetas soviéticos mejor valorados del momento para recomendarles que promocionaran la poesía georgiana traducida al ruso. Habló con cada uno de ellos por separado e intentó convencerlos. Pero entonces, sólo un año después de la muerte de Lenin, aún no era la persona en la que se convertirá, el jefe absoluto de la Unión Soviética, que decide el avance de la historia del mundo.

1. Citado por Nadezhda Mandelstam, *op. cit.*, p. 57.

La situación es muy diferente en 1932, cuando Stalin ha eliminado o neutralizado a todos sus rivales y ha decidido que su país debe convertirse en una gran potencia industrial, poseer una agricultura colectiva y un comercio totalmente controlado por el Estado. En noviembre de este año, la mujer de Stalin, Nadia Alilúyeva, se suicida (en circunstancias que todavía no se han aclarado). Todas las organizaciones del país se sienten obligadas a mandar al viudo un pésame perfectamente estereotipado, y los escritores soviéticos hacen lo mismo. Es el momento que elige Pasternak, unos meses después de su traumática estancia en los Urales, para dirigir su primer mensaje personal a Stalin. En lugar de unir su nombre a la lista de escritores que firman la carta colectiva, añade varias líneas firmadas sólo con su nombre. Así se publicará el mensaje en la prensa el 17 de noviembre de 1932. La posdata de Pasternak dice: «Me uno al sentimiento de los camaradas. El día anterior había pensado en Stalin profunda e intensamente. Como artista, por primera vez. Por la mañana leí la noticia. Me afecta como si hubiera estado allí, como si lo hubiera vivido y visto».[1]

Lo que llama la atención de este mensaje es ante todo su mera existencia. Los demás escritores optan únicamente por la carta colectiva, formulada en términos convencionales, y sólo Pasternak elige sus palabras, las pone en conocimiento del guía del país, y de esta forma le hace observar su lugar excepcional en el grupo de los escritores. Nos enteramos además de que Pasternak ha pensado en Stalin «profunda e intensamente», en varias ocasiones ya, sin que nadie lo obligara. Pero este pensamiento era sólo el de un ciudadano leal. La víspera de la triste noticia, ha pensado en él por primera vez «como artista», lo que quiere decir imaginándolo como sujeto de una obra literaria. No se limita a dar el pésame a Stalin, sino que da a entender que su destinatario podría llegar a convertirse en protagonista de un escrito suyo. De

1. Citado en Michel Aucouturier, «Pasternak et la révolution», *Europe*, vol. 71, núm. 767, 1993, p. 42.

esta forma instaura una situación inédita entre los dos pro-
tagonistas. El poeta más importante (entretanto Mayakovski y Esenin se han suicidado) se declara capaz de hacer un
regalo al político más importante. Al autorizar Stalin que se
publicara el mensaje (nada de lo que tiene que ver con él escapa a su control), oficializa el nuevo contrato y por lo tanto
el lugar concreto que en adelante ocupa Pasternak.

El siguiente contacto tiene lugar en junio de 1934, con
ocasión de la detención del poeta Ósip Mandelstam. Los
dos poetas se conocen bien y aprecian mutuamente sus
obras, pero sus caracteres y sus visiones del mundo son
demasiado diferentes para ser amigos. Mandelstam no es
realmente un opositor político al régimen, aunque evita los
compromisos cotidianos que le habrían evitado las persecuciones. Admite públicamente sentirse ajeno al proyecto
soviético, y no se arrepiente de que lo critiquen. En otoño
de 1933 compuso un poema satírico sobre Stalin, que no
duda en recitar ante diversas personas, lo que constituye
un gesto suicida. A principios de 1934 abofetea públicamente a un escritor soviético oficial, por lo que rápidamente lo denuncian y lo detienen. Al enterarse, Pasternak escribe de inmediato a Bujarin. Éste, que aprecia a Mandelstam,
todavía no ha pronunciado su elogio de Pasternak en el
congreso de escritores, pero entre los dos hombres se establece una relación de confianza y de respeto mutuo. Bujarin escribe enseguida a Stalin pidiéndole que ponga en libertad a Mandelstam. Al final de la carta añade: «Pasternak
también está preocupado». Al recibirla, Stalin decide tele-
fonear a Pasternak.

En la actualidad disponemos de más de diez versiones de
esta famosa conversación, y todas aseguran ser testimonio
directo de Pasternak. Pese a los numerosos relatos, la razón
de esta llamada sigue siendo bastante enigmática. En realidad no tiene relación con la suerte de Mandelstam, porque
Stalin le comenta de entrada que ha dado instrucciones de
que se revise el tema. El resto de la conversación tiene que
ver con Pasternak, no con Mandelstam. Stalin reprocha al

poeta no haberse dirigido directamente a él, como si ya exis-
tiera entre ellos un canal de comunicación constante. Le reprocha también no haberse ocupado de su amigo Mandelstam. Pasternak sospecha que es una trampa. Stalin quiere
saber si Pasternak conoce los versos incriminados. Este último contesta, también él indirectamente, que en realidad no
son amigos. Stalin insiste: pero ¿Mandelstam es un maestro? En lugar de responder, Pasternak intenta reorientar la
conversación: «No es ésa la cuestión, hay que hablar de otra
cosa», dice. –¿De qué? –De la vida y de la muerte». Stalin
cuelga. Pasternak intenta llamarlo, sin éxito. Después no se
reprocha nada de lo que ha dicho a Stalin, aunque lamenta
amargamente que la conversación no haya ido seguida de
un encuentro, que le habría procurado una nueva inspiración o que le habría aportado nueva luz sobre este tema, que
Stalin, jefe de la vida y de la muerte, conoce tan bien.

   Al comentar esta conversación, se puede recuperar el reproche de Stalin y considerar que Pasternak no defendió
bien a su compañero. Este argumento parece no tener fun-
damento, porque no era éste el tema de la conversación.
Con sus respuestas evasivas, Pasternak desbarata la trampa
que le tienden y confirma además su deseo de hablar con el
jefe del país sobre temas fundamentales de la existencia. En
sus *Recuerdos*, Nadezhda Mandelstam comenta: «Me parece que Pasternak creía que su interlocutor encarnaba su
tiempo, la historia y el futuro, y sencillamente le apetecía ver
de cerca a semejante milagro viviente»,[1] y algo de razón tiene. Por su parte, Stalin también confirma el estatus excepcional de Pasternak –no interpela así a ninguna otra persona– y pone a prueba su lealtad: ¿no habría colaborado en
difundir el poema satírico? Además, al haber dejado que
Pasternak expresara su deseo de intimidad, Stalin, de manera bastante perversa, humilla a su interlocutor colgándole
en las narices y negándose a retomar la conversación.

1. Nadezhda Mandelstam, «Les sources du miracle», *Contre tout espoir*, *op. cit.*, p. 186.

La siguiente conversación tiene lugar más de un año después. Esta vez han detenido al hijo y al marido de la poetisa Anna Ajmátova. El 1 de noviembre de 1935 Pasternak escribe a Stalin para pedirle que revisen el tema. En su carta, recuerda la frase del guía en su conversación telefónica: «En una ocasión usted me reprochó mi indiferencia por la suerte de un compañero», así que ahora actúo de manera diferente. Stalin pide de inmediato que pongan en libertad a los dos detenidos, lo que confirma indirectamente la confianza que le concede. A finales de diciembre Pasternak vuelve a escribirle. Da las gracias al guía por la «maravillosa liberación fulminante»[1] de los dos detenidos y le manda un volumen de poesía georgiana de regalo, en cuya traducción ha colaborado, con lo cual une ese mensaje con la conversación de diez años antes. Pero añade además dos explicaciones que nada permitía prever.

La primera tiene que ver con la propia carta que escribe. De entrada, Pasternak se disculpa por no haber enviado su agradecimiento inmediatamente, pero acto seguido dice haber decidido «esconder [en él] el sentimiento de ardiente reconocimiento [por Stalin], convencido de que, sea como sea, de manera desconocida [le] llegará». Por lo tanto, sigue imaginando una especie de intercambio mágico entre ellos dos, que no necesita palabras ni encuentros. Luego cuenta que había escrito un borrador de esta carta de agradecimiento, pero que no lo mandó. «Primero le escribí a mi manera, con digresiones y de forma prolija, obedeciendo a algo misterioso que, además de lo que todo el mundo entiende y comparte, me une a usted.» Sin embargo, parece que mostró el borrador a otras personas, que lo disuadieron de enviarlo tal cual. Y como no soportaba recurrir a fórmulas estándares, no hizo nada. Asistimos aquí a un gesto de enorme complicación. Pasternak explica a Stalin que no le dice lo que habría querido decirle, y además le dice que lo que le atrae de él no es lo que repiten todos los aduladores, sino «algo misterioso». Es como si dije-

---

1. Citado en Benedict Sarnov, *Stalin i pisateli, op. cit.*

ra: tengo un regalo extraordinario para usted, pero no puedo nombrarlo, es una forma de amor. La segunda explicación trata –también de forma indirecta– del mismo tema. Al final de la carta, Pasternak agradece a Stalin otra buena acción: haber escrito, en respuesta a una solicitud de Lily Brik, la antigua amante de Mayakovski, que éste «fue y sigue siendo el mejor y más talentoso poeta de la época soviética». De esta manera, Pasternak ya no tiene que comportarse como el principal poeta soviético. «Se sospechaba que yo poseía una fuerza artística importante. Ahora que ha colocado usted a Mayakovski en el primer lugar, esa sospecha ha quedado descartada, me siento más ligero y puedo vivir y trabajar como antes, en un silencio humilde, con sorpresas y misterios, sin los cuales la vida no me gustaría.» Tras haber comentado a Stalin que tenía cosas que decirle sobre él, ahora le concreta que no se parecen a las que ha escrito Mayakovski (en su poema sobre Lenin, por ejemplo) ni a las de los poetas georgianos que ha traducido (autores de ditirambos sobre Stalin), que, por el contrario, tienen una dimensión sorprendente y misteriosa.

En realidad, debe de haber escrito ya el texto en cuestión, pero Stalin no podía saberlo (a menos que fuera por telepatía). Pasternak relata las circunstancias de su escritura en una nota manuscrita del 17 de febrero de 1956: «Bujarin deseaba que se escribiera algo así, esta poesía le hizo muy feliz». Ahora sabemos que Pasternak se siente obligado con Bujarin tanto por haber intervenido en favor de Mandelstam como por los laureles que le colocó en la cabeza durante el congreso de escritores, y Bujarin está agradecido con Stalin por haber perdonado a Mandelstam y con ello haber satisfecho su súplica, es decir, haber indicado que su voz (la de Bujarin) sigue contando. Este último parece que quiso complacer al jefe publicando en el periódico *Izvestia*, que dirige, un poema del poeta, que mantiene un diálogo supraterrestre con él. Pero sabemos también que Pasternak tiene buenas razones para dirigir a Stalin un mensaje que habla de él. El poema, titulado «El artista» –en 1956 dirá que «aludía a

Stalin y a mí mismo»–,[1] aparecerá en el periódico el 1 de
enero de 1936, a modo de regalo de Año Nuevo.

El poema, la expresión más directa jamás intentada por
Pasternak de su sentimiento respecto de Stalin, está construido mediante la yuxtaposición de dos personajes a los que al
parecer se aplica simultáneamente el apelativo de «Artista».
El primero es el poeta, que describe en las seis primeras estrofas: descontento consigo mismo, avergonzado de sus libros,
sin saber del todo quién es, siempre luchando consigo mismo
y sintiendo que depende para todo del «calor terrestre». Siguen cinco estrofas dedicadas a un tipo de artista muy diferente: escondido detrás de un antiguo muro de piedras (el
Kremlin), vive «no un hombre / sino una actividad: un acto
del tamaño del globo terrestre [...] Es aquello con lo que han
soñado los más audaces / pero que antes que él nadie se había
atrevido». Sin embargo, pese a esta dimensión gigantesca, sigue siendo un hombre. Las dos últimas estrofas del poema
describen la relación de estos dos artistas.

> Y por este genio del acto
> está tan absorto el otro, el poeta,
> que lo hinchan como una esponja
> sus más mínimas singularidades.
>
> Y por pequeño que sea él mismo
> en esta fuga a dos voces,
> cree que se entrecruzan
> estos dos principios tan extremos.[2]

Un segundo poema, publicado después de éste, nombra a
Lenin y a Stalin, así como la gratitud que el poeta dice sentir
por los guías.

Pasternak elabora aquí una idea que se fraguaba en las
doctrinas vanguardistas rusas de principios de siglo: el artis-

1. Citado en Olga Ivinskaya, *Otage de l'éternité*, *op. cit.*, p. 86.
2. *SS*, II, pp. 619-620.

ta es un demiurgo que crea nuevos universos mediante su voluntad. En otro plano, los dirigentes políticos como Lenin y Stalin se comportan como demiurgos, y por lo tanto también como artistas, aunque su material no está formado por palabras o colores, sino por los seres humanos y las instituciones sociales. En esto son el mismo tipo de personas. Pasternak escribía antes que a través de Lenin oímos el grito de la historia. Frente a Stalin se siente aún más sobrecogido, porque tiene ante él a un «genio el acto», y cada gesto suyo es «del tamaño del globo terrestre». Como bien había entendido Nadezhda Mandelstam, el poeta ve en Stalin la encarnación del tiempo y del futuro. Lo que quiere Stalin lo lleva a cabo el mundo, ahora bien, el papel del poeta, según Pasternak, es captar y expresar este movimiento del mundo. Eso no es todo. Aunque son muy diferentes entre sí, cada uno de ellos conoce al otro por dentro, y juntos componen una fuga a dos voces. Las frases de Pasternak no son sólo descriptivas, sino que contienen también un conjuro dirigido a Stalin: el hombre de Estado dispone de un saber del que ni siquiera es consciente, y el poeta le sugiere que lo piense también. Pasternak no parece inquietarse por el destino de los individuos convertidos en material en manos de estos «artistas» dictadores.

Como anticipa los acontecimientos que van a producirse, podemos decir que el poema, que sin duda Stalin leyó, habrá efectivamente actuado sobre él a modo de hechizo mágico o conjuro. El guía ha entendido el precepto que contenía y se ha comportado de acuerdo con él. Durante los terribles años siguientes, entre 1936 y 1939, Pasternak actúa como si él y Stalin hubieran llegado a un pacto secreto, que le asegura una posición por encima de los simples mortales. Se permite gestos que para otro habrían acarreado la detención y la deportación, si no la ejecución inmediata, sin que jamás toquen su libertad y sus derechos. Veamos algunos ejemplos.

En estos mismos años, los posibles rivales de Stalin son juzgados en el marco de juicios amañados. Se supone que los diferentes grupos y categorías de la población manifiestan su deseo de ver a los culpables condenados a muerte. Una vez más, los escritores no son una excepción a la regla, y firman peticiones cada vez más severas para los enemigos del pueblo. El que se niega a firmar se arriesga a compartir la suerte de las víctimas. Pero Pasternak decide no hacerlo. En agosto de 1936 juzgan a Kámenev y a Zinóviev. La firma de Pasternak aparece en la lista de escritores que piden más rigor, pero los documentos internos del partido muestran que la habían añadido sin su conocimiento y que había protestado públicamente contra el hecho de que hubieran sumado su nombre. En enero de 1937 les toca a otros dos antiguos dirigentes, Piatakov y Radek, y la firma de Pasternak no figura en el documento correspondiente. Lo explica en una carta dirigida a sus colegas. En junio de 1937 llega la condena de varios militares de alto rango, entre ellos Tujachevski y Yakir. Pese a las insistencias del secretario de la Unión de Escritores, pese a las súplicas de su mujer, Zina, que teme quedarse viuda, Pasternak se niega a firmar. Sin embargo, colocan su firma en el documento que se publica. Se pone tan furioso que escribe otra carta, esta vez a Stalin, en la que le cuenta su negativa inicial y la justifica. No se ha encontrado el original, pero Pasternak la resume así: «Escribí que había crecido en una familia de hondas convicciones tolstoianas, que las había asumido mamando de mi madre, que él [Stalin] podía disponer de mi vida, pero que creía que yo no tenía derecho a opinar sobre la vida y la muerte de los demás».[1]

Otro ejemplo tiene que ver con las discusiones entre escritores. El 10 de marzo de 1936 un artículo de *Pravda* ataca a Bulgákov, el futuro autor de *El maestro y Margarita*, y al ambiente teatral. Varios escritores diligentes deciden tomar una iniciativa paralela respecto de su propio oficio. Ese mismo día inician una reunión que ataca a «compañeros de viaje» elegidos como blanco (Bulgákov es uno de ellos),

---

1. Citado en Olga Ivinskaya, *Otage de l'éternité*, *op. cit.*, p. 171.

pero no contra Pasternak, que ahora es miembro de la dirección de la Unión. Sin embargo, este último interviene al día siguiente para defender a sus compañeros o amigos escritores, y asegura que los reproches de formalismo y de naturalismo son inconsistentes y que se anulan mutuamente. Esta intervención causa estupefacción –¿por qué se mete cuando ni siquiera lo han nombrado?– e indignación –¿cómo se atreve a enfrentarse a instrucciones que es evidente que llegan de muy arriba?– hasta el punto de que se organiza una reunión a puerta cerrada y el propio director de *Pravda* redacta una denuncia colectiva de Pasternak que en condiciones normales habría acarreado su detención inmediata.

Pero no sucede nada. Tanto los dirigentes como Pasternak entienden que el hecho de que no lo persigan sólo puede significar una cosa: lo ha impuesto el propio Stalin. Pasternak se queda tan conmovido que su devoción por el jefe se refuerza. Durante otro evento público, el Congreso de las Juventudes Comunistas, lo ve en el estrado. Su amigo Korney Chukovski cuenta lo que sucede después: «Pasternak no dejaba de susurrarme palabras exaltadas sobre Stalin, y yo hacía lo mismo [...] Volví a casa con Pasternak, los dos embriagados de alegría».[1] Adivinamos las razones de esta exaltación: días antes el poeta ha entendido que debía a Stalin su libertad e incluso su vida. Hay indicios que no engañan. En el verano de 1936 recibe un insigne favor, le otorgan un pequeño piso en Moscú y sobre todo una casa en Peredelkino, pueblo de escritores en los alrededores de Moscú, donde básicamente vivirá hasta el final de sus días.

Otro ejemplo: en junio de 1936 André Gide visita la Unión Soviética. Lo reciben con gran pompa. Esperan hacer de él un ardiente defensor del Estado comunista, como Henri Barbusse y Romain Rolland. Pero Pasternak va a verlo y le enseña a interpretar las apariencias. El secretario de Gide contará más adelante: «[Gide] decía que Pasternak le había abierto los ojos sobre lo que pasaba a su alrededor, que le

---

1. Korney Chukovski, *Dnevnik 1930-1969*, Moscú, 1994, p. 141.

había prevenido contra el atractivo de los «pueblos Potemkin» y los koljoses modelo que le mostraban».[1] Gide entiende bien el mensaje y, una vez en Francia, publica *Regreso de la URSS*, dura crítica del régimen comunista. Exigen a Pasternak que se explique en público, y sale del paso con frases ambiguas. Una vez más, el asunto no tiene consecuencias. Lo mismo sucederá con su implicación en la acusación de 1939 contra Vsévolod Meyerhold (1874-1940). El genial director teatral había abrazado la causa de la revolución, pero su talante independiente le granjea el odio de los funcionarios de la cultura y de los profesionales de la persecución política. Acusarán a Meyerhold de espionaje, lo encarcelarán en junio de 1939, lo torturarán hasta que firme su «confesión» y lo fusilarán en febrero de 1940. Años después, el magistrado encargado de revisar este juicio revela a Pasternak que su nombre aparecía con frecuencia en el informe, como los de Pilniak y Bábel, dos escritores a los que también fusilaron, y expresa su sorpresa al constatar que nunca hayan molestado al poeta.

Stalin no dejó ningún rastro escrito de la protección que concedió a Pasternak, pero corre el rumor de que dijo de él esta frase: «No toquéis a este habitante de los cielos».[2] A cambio del lugar mítico que le reservó Pasternak, le concedió un «salvoconducto» excepcional, que le salvó la vida. Las frases esquivas de Pasternak y su poema sobre los dos artistas dieron en el blanco, y el diálogo a distancia efectivamente tuvo lugar.

INICIO DE LA RESISTENCIA

El poema de Pasternak aparece en el periódico el 1 de enero de 1936. Después se produce en él un cambio radical. La ruptura no será de entrada integral. Conserva partes de su

1. *SS*, IV, p. 888.
2. Citado en Olga Ivinskaya, *Otage de l'éternité, op. cit.*, p. 171.

antigua visión del mundo y a veces le da voz, pero en general a los cuarenta y cinco años concibe su nuevo proyecto de vida, al que seguirá fiel hasta su muerte.

Encontramos una primera descripción de ese proyecto en una carta que escribe a unos amigos georgianos, Titsian y Nina Tabidze, el 8 de abril de 1936. Acaba de sufrir un ataque en toda regla por parte de los guardianes de la ortodoxia, que le reprochan que defienda a escritores que sólo son «compañeros de viaje». No es la primera vez, y aunque le hace daño, no quiere conceder excesiva importancia a esos golpes. Sin embargo, esta vez algo se rompe. «Para mí ha concluido un periodo en la vida literaria común y a nivel personal.» En lo que a él respecta, hacía ya algún tiempo que había observado signos premonitorios: no conseguía avanzar en su relato en prosa, estaba deprimido, sufría de insomnio (una «enfermedad mental», dice) y tenía que limitarse a traducir. En otra carta del mismo año explica esta enfermedad de 1935 como una aguda toma de conciencia de la situación política: «Tenía que ver con la suerte que corrían obras como las tuyas»,[1] escribe a su prima, a la que acaban de prohibir publicar. A los Tabidze no les cuenta sus nuevos proyectos, pero les ofrece un indicio significativo: «Irá en una dirección totalmente diferente de las tonterías (*erunda*) que se publican en *Znamia*». Pero esas «tonterías» son precisamente los poemas que aparecieron el 1 de enero en *Izvestia*, dedicados a Stalin, el artista del Kremlin.

Veinte años después, cuando hace balance de su vida (acaba de terminar *El doctor Zhivago* y prepara una antología de poemas de toda su carrera literaria), Pasternak escribe una nota en la que describe claramente la ruptura de 1936. Menciona en primer lugar esos poemas, «un intento sincero y especialmente fuerte (el último de la época) de vivir por las ideas del momento y al unísono con ellas [...] Precisamente en 1936, cuando empezaron los terribles juicios (en lugar de poner fin al periodo de crueldad, como imaginaba en 1935),

1. A Olga Freidenberg, 1 de octubre de 1936.

todo en mí se rompió, y la unidad con el momento se convirtió en resistencia al momento, que no ocultaba».[1] Esta valiosa nota no se queda aquí. Volveré a ella más adelante. Pasternak identifica bien el principal contenido conceptual del cambio. Después de la Revolución de 1917 decidió vivir al unísono con su tiempo, y por lo tanto compartir sus ideas. A principios de 1936 entiende que esta decisión era un error. La amplitud de las injusticias e incluso de los crímenes que se llevan a cabo en nombre de la Revolución hace que ponga en duda su postulado inicial. Es cierto que el poeta debe escuchar su tiempo, pero nada demuestra que quienes detentan el poder sean portavoces legítimos de su tiempo. La toma y el ejercicio del poder dan testimonio del triunfo de la fuerza, no de la victoria de la justicia. La historia no se confunde con la naturaleza. Ésta no avanza hacia un objetivo y no tiene un propósito. Frente a ella, debemos intentar entenderla, no juzgarla. En cuanto a la historia, la orientan hombres en función de sus deseos y sus ideas, y sufre la presión de su voluntad, que puede no ser buena. El ser no es lo mismo que el deber ser. Escuchar el propio tiempo, el tiempo de la vida humana, no significa someterse a él. Llegado a esta nueva concepción de la historia, Pasternak deja de aspirar a la unidad con su sociedad e incluso asume su insumisión respecto de ella.

La gota que colma el vaso, que llevaba ya bastante tiempo lleno, es descubrir no la hambruna que provoca la colectivización ni las deportaciones asesinas, sino la especie de «revolución cultural» que se apodera del país soviético a partir de 1936, más exactamente después de un artículo de *Pravda* de finales de enero de 1936 condenando la ópera de Shostakóvich *Lady Macbeth de Mtsensk*, seguido poco tiempo después de ataques al teatro y la literatura, de los que habla la carta a los Tabidze que acabo de citar. Acto seguido se producen otros acontecimientos que confirman a Pasternak en su decisión, como el destino de Bujarin. El poe-

1. Citado en Olga Ivinskaya, *Otage de l'éternité, op. cit.*, p. 111.

ta siente simpatía por este dirigente comunista caído en desgracia, sobre todo desde que está mal visto, y probablemente el sentimiento es mutuo. En junio de 1936 la prensa publica el proyecto de una nueva constitución de la que Bujarin es el autor principal. Pasternak la elogia en *Izvestia*. Pero en enero de 1937 Bujarin es relevado de su puesto de director del periódico, lo que supone una especie de anuncio de su condena definitiva. Pasternak le escribe: «Ninguna fuerza en el mundo podrá obligarme a creer en su traición».[1] La suerte de Bujarin está echada: lo detienen en 1937, lo condenan a muerte un año después, y al poco tiempo lo ejecutan, pese a las patéticas cartas de sumisión y adoración que envía a Stalin desde la cárcel.

La situación es bastante similar en lo que respecta a los poetas georgianos amigos de Pasternak, Paolo Iashvili y Titsian Tabidze. Los dos son sometidos a persecuciones en 1937. Como sospecha que van a detenerlo, Iashvili se suicida. Tabidze desaparece en las cárceles de la policía política, donde lo ejecutan poco después. Su mujer no se enterará de lo sucedido hasta veinte años después. Pasternak le escribirá en 1944 que, debido a la desaparición de su amigo, «la realidad se me presentó con una luz totalmente nueva [...] Me volví más seco, más viril y más concreto [...] Admitiendo esta pérdida, quizá aumentó un poco mi grandeza moral, me convertí en taciturno y activo, como una especie de "hermano de la caridad"».[2] También en 1937 Pasternak asiste impotente a la detención de su amigo el escritor Borís Pilniak, vecino suyo en el pueblo de Peredelkino, donde vive.

Otro destino trágico que transforma la realidad interior de Pasternak es el de Tsvietáieva. No la había advertido lo suficiente contra la idea de volver a su país, y cuatro años después, cuando su marido y su hija ya han vuelto, acorralada por las circunstancias, acepta volver a regañadientes. Unos meses después de su vuelta detienen y torturan a su

1. *EA*, p. 1208.
2. A Nina Tabidze, 30 de marzo de 1944.

hija hasta que «confiesa» su delito de espiar para Francia, lo que permite detener también a su marido, Serguéi Efron. Pasternak ayuda a Tsvietáieva a sobrevivir proporcionándole traducciones, y después la pierde de vista, aun sabiendo que lleva una vida miserable. «Lamento no haberla disuadido de venir», dice ante sus amigos. Estalla la guerra, Tsvietáieva huye de Moscú con su hijo de quince años y va a parar a un pueblo tártaro de los Urales, donde, desesperada, pone fin a sus días. Pasternak sabe que ella es también víctima del régimen y se culpa por no haberla protegido lo bastante. «Durante toda nuestra vida en común, oí muy a menudo a Borís Leonídovich [Pasternak] decir hasta qué punto se sentía responsable de que Marina hubiera vuelto a su patria»,[1] escribe Ivinskaya en sus memorias.

En las cartas que hace llegar a sus padres en el extranjero, les da a entender por alusiones que cuando piensa en la realidad soviética, «se le ponen los pelos de punta», que su «peculiar vida» ha provocado «varios malentendidos» respecto de él, porque «me siento físicamente incapaz de soportar los lugares comunes».[2] Le repugna el elogio a los zares autócratas, como Pedro el Grande e Iván el Terrible, del escritor Alekséi Tolstói (el mismo al que había abofeteado Mandelstam) y del cineasta Serguéi Eisenstein, que establecen halagadores paralelismos patrióticos con el terror instaurado por Stalin. «El ambiente se ha vuelto muy pesado. A nuestro benefactor le da la impresión de que hasta ahora hemos sido demasiado sentimentales y de que ha llegado el momento de actuar.»[3] En la mente de Pasternak se modifica la imagen de Stalin. En la antología de poemas *Los trenes de la mañana*, aparecida en 1943, al poema que canta el elogio de Stalin, «El artista», le amputa las estrofas que describen al guía como artista del acto. En las intervenciones públicas

1. Olga Ivinskaya, *Otage de l'éternité, op. cit.*, p. 199.
2. A Leonid y Rosalía Pasternak, 24 de noviembre de 1936; a los mismos, 12 de febrero de 1937.
3. A Olga Freidenberg, 4 de febrero de 1941.

que Pasternak no consigue eludir, se limita a garantizar los servicios mínimos. Un nuevo proyecto creador madura lentamente en su mente. Sólo lo menciona de pasada al menos desde 1933. Se trataría de una obra en prosa, de una novela realista al estilo de Dickens, que narra el destino de un hombre antes, durante y después de la revolución. En 1938-1939 se publican varios extractos, y el manuscrito, que lleva por título *Los escritos de Patrick*, versión preliminar de *El doctor Zhivago*, desaparecerá durante la guerra. El cambio radical que sufre Pasternak es doble, tiene que ver con su relación con la revolución y con el régimen que surge de ella, pero también con la forma de la obra que quiere escribir. Repudia su estilo preciosista de juventud, influenciado por el simbolismo y el futurismo, y en las sucesivas reediciones corrige sus primeros poemas para dotarlos de mayor claridad. Ahora le repugna la búsqueda de innovación a toda costa en el estilo y la composición de sus textos, porque tiene demasiado que ver con el culto al cambio, inherente al espíritu revolucionario. La propia poesía, básicamente monólogo del héroe lírico, debe ceder su lugar a la prosa narrativa, más apropiada para representar múltiples puntos de vista que dialogan entre sí.

Al mismo tiempo, Pasternak quiere escribir un libro sobre el destino del pueblo, como el partido pide a los escritores soviéticos, aunque no cree que los escritores oficiales describan la vida real del pueblo. Escribir de manera realista le parece ahora un acto audaz, porque iría en contra de los dogmas impuestos. El resultado no corre el riesgo de confundirse con lo que produce el realismo socialista. Escribe a su amigo Tíjonov: «Ahora todo está lleno de embellecimientos políticos, de lucubraciones de Estado, de hipocresía social y de imposturas ciudadanas, mientras que el libro vive de un pensamiento político real y activo».[1] Estamos ante una inversión increíble: contra las críticas ortodoxas, Pasternak pide que el libro sea político y realista.

1. A Nikolái Tíjonov, 2 de julio de 1937.

Evidentemente, una opción como ésta comporta riesgos, pero los riesgos forman parte del destino del escritor, como decía ya en febrero de 1936 en una reunión pública: «Un arte sin riesgos y sin sacrificio interior es impensable, la libertad y la audacia de la imaginación se conquistan a pie de obra». Ha llegado el momento de aplicarse este precepto a sí mismo. Debe estar dispuesto a asumir las consecuencias de sus gestos. Escribe a un amigo: «Si por razones de censura no podemos decir nada significativo sobre el paso del tiempo, porque es historia, sobre los caracteres, porque es sociología, ni sobre la naturaleza, porque es una visión del mundo, entonces vale más no decir nada o inventarse una salida».[1] Hasta 1956 Pasternak básicamente aceptará no decir nada y se limitará a traducir a clásicos de todo el mundo. En 1956 se inventará una salida: decidirá publicar su libro en el extranjero.

Volvamos a los años treinta. Al margen de sus inciertos proyectos literarios, Pasternak, que se siente relativamente invulnerable, no duda en aparecer públicamente con personas perseguidas y en intervenir a su favor. Desde hace ya algún tiempo, el director teatral Meyerhold está en el punto de mira de los censores por «formalista» y «modernista», incluso «decadente». Pasternak tiene amistad con él y con su mujer, la actriz Zinaida Reich, y admira su trabajo, aunque considera que Meyerhold se sitúa mucho más «a la izquierda» (más próximo a la ideología comunista) que él. En 1929 dedica un poema a la pareja. En enero de 1938 cierran el teatro de Meyerhold. Pasternak no sólo no deja de verlo, sino que acepta su encargo de traducir *Hamlet* para un futuro espectáculo y se pone a trabajar con entusiasmo.

Ósip Mandelstam muere en diciembre de 1938 en un campo de Siberia. Pasternak es el único que se atreve a visitar a su viuda, Nadezhda. En marzo de 1940 muere Mijaíl Bulgákov, otro blanco favorito de los funcionarios de la cultura. Pasternak está presente en la guardia de honor que le rinde

1. *EA*, p. 222; a S. Spasski, 9 de mayo de 1941.

homenaje. En junio de ese mismo año, la viuda de Tabidze, creyendo que su marido sigue vivo, va a Moscú para hacer gestiones a su favor. Pasternak escribe a Stalin y a Beria, el nuevo dirigente de la represión, pidiendo que lo indulten. También interviene en favor de Ajmátova, otra oveja negra para los dirigentes: en 1935 había contribuido a que liberaran a sus familiares, y en 1943 escribe un alegato en defensa de su poesía. Estas actuaciones son tanto menos evidentes si tenemos en cuenta que su nueva esposa, Zina, siente una antipatía sistemática hacia todas las personas que tienen problemas con el régimen y les impide entrar en su casa. Pasternak debe ayudar a los represaliados a escondidas.

En junio de 1941 el ejército alemán invade la URSS. Pasternak sufre la misma suerte que la población rusa. En los últimos meses de 1941, cuando los alemanes se acercan a Moscú, es movilizado en la defensa aérea de su ciudad. Su familia es evacuada con las de otros escritores a la ciudad de Chístopol. Él alterna estancias en esta ciudad y en Moscú. En 1943 se traslada al frente con una «brigada de escritores». Como a tantas otras personas que sufren la dictadura comunista, los años de guerra le traen más privaciones, pero al mismo tiempo un alivio paradójico: ahora todos tienen un enemigo más inmediato y más global, el Estado nazi, y les da la impresión de que luchan «por una causa justa», como Vasili Grossman titulará su primera novela sobre la guerra. Pasternak detalla lo que siente en esta época en la nota ya citada de febrero de 1956: «El trágico y duro periodo de la guerra fue un periodo *vivo*, y desde este punto de vista un libre y feliz retorno a la sensación de comunidad con todos».[1]

Pero las esperanzas de Pasternak no tardarán en verse frustradas, ya durante la guerra. Se da cuenta de que la ceguera, el miedo y la hipocresía no han abandonado el corazón de sus conciudadanos. Y siguen deteniendo a «sospechosos». Unos meses después de haber expresado sus esperanzas escribe a su exmujer, Genia: «Me hacía ilusiones respecto de

1. Olga Ivinskaya, *Otage de l'éternité, op. cit.*, p. 111.

mis compañeros. Me parecía que habría cambios, que sonarían otras notas, más potentes y más eficaces. Pero no han hecho nada. Todo ha seguido como antes: doblez en los actos, en el pensamiento y en la vida». Un mes después vuelve a escribirle desde Moscú: «Si fuera más joven, me colgaría [...] ¿Es posible que nunca cambie nada?». El verano siguiente su opinión no ha cambiado: «El abismo entre mí y la época que forjan los que detentan el poder y mis compañeros ricos es demasiado grande [...] No me digas que es la guerra. Es precisamente la guerra la que exige cambios radicales». Y un año después, cuando la victoria del Ejército Rojo parece muy probable, comenta a su prima sus esperanzas frustradas: «Lo que me hace infeliz no son las dificultades externas de la vida, sino que soy un literato y que tengo cosas que decir, ideas propias, y que en nuestro país la literatura no existe, y tal como están las cosas no existirá y no puede existir [...] Pensaba que [...] las circunstancias habrían cambiado y que nos sentiríamos un poco más libres. Pero la situación no cambia».[1]

No obstante, durante estos mismos años, Pasternak descubre otra alegría, que ya no depende tan directamente de la coyuntura política: sufre una especie de renacimiento moral. Desde mayo de 1939 vive en una nueva casa de Peredélkino, y la vida que lleva allí le hace feliz. Siempre ha sido sensible al contacto con la naturaleza, la tierra, el agua y los árboles, y desde los años de la guerra civil ha descubierto el placer de trabajar con sus manos. Vuelve lo menos posible a Moscú, porque la vida en Peredélkino le devuelve a sí mismo. Planta verduras y cosecha los frutos de la tierra. En invierno se queda en el campo con su segundo hijo, que es pequeño. «Qué indecible alegría la vida en invierno en el bosque, cuando hiela y hay madera para calentarse [...] Y lo mágico no es sólo contemplar, está hasta en los más mínimos detalles de

1. A Genia Pasternak, 16 de septiembre de 1942; a la misma, 25 de octubre de 1942; a la misma, 9 de junio de 1943; a Olga Freidenberg, 3 de julio de 1944.

una vida cotidiana laboriosa y atenta [...] Todo respira y perfuma, todo está vivo y puede morir [...] Ay, la vida aún tiene encanto».¹ Esta alegría ante el mundo procede de su sensación de existir, que le concede, junto con o más allá de su pesimismo político, un optimismo cósmico, reforzado por ejemplo por la resistencia que los ingleses ofrecen a las tropas de Hitler.

La guerra, que alcanza Rusia, no disminuye esta sensación, sino todo lo contrario. Le da un sentido más puro, porque le permite, incluso en las peores dificultades y en las situaciones más desagradables, sentir una alegría interna por el mero hecho de vivir, y por lo tanto de formar parte de un orden cósmico. Siente lo que Goethe llamó «la alegría ante la existencia», unida a la consciencia de que la ley del universo es «¡muere y vuelve a ser!», que «todo debe disolverse en la nada si quiere seguir siendo».² Mientras está evacuado, durante la guerra, en la carencia y la incomodidad, escribe a su hermano que las privaciones y la obligación del trabajo físico no han afectado a su felicidad. «Jamás ha ensombrecido mi jornada, jamás ha oscurecido mi despertar matutino con esta alegre esperanza: hoy tendré que hacer esto o lo otro, y la consciencia agradecida de que Dios no me ha privado de la capacidad de perfeccionar mi esfuerzo y que me ha concedido el sentido de la perfección». Esta alegría no le abandona los años siguientes. Desde Chístopol escribe a su prima: «Le cogí mucho cariño a ese pueblucho provinciano de aspecto salvaje en el que limpiaba sin asco los retretes y vivía entre hijos de la naturaleza, rodeado de lobos y de osos, o casi».³

1. A Olga Freidenberg, 15 de noviembre de 1940.
2. Goethe citado en Tzvetan Todorov, *La Signature humaine*, Seuil, 2009, pp. 428-435 [Traducción española: *Vivir solos juntos*, Barcelona, Galaxia Gutenberg, 2011, pp. 232-240]; véase SS, IV, p. 667 (texto de 1956).
3. A Aleksander Pasternak, 22 de marzo de 1942; a Olga Freidenberg, 5 de noviembre de 1943.

UNA CONTINUA FIESTA DEL ALMA

Después de la guerra, Pasternak se ve obligado a hacer una amarga constatación. La nota citada de 1956 recuerda que las esperanzas de cambio surgidas durante los combates han resultado ser vanas. «Después de que el destino se mostrara magnánimo y nos concediera la victoria, aunque la pagáramos cara, cuando tras esta generosidad de los elementos históricos volvimos a las crueldades y a los sofismas de los años más estúpidos y más oscuros de antes de la guerra, sentí por segunda vez (después de 1936) la sensación de ser rechazado por el orden establecido, de forma aún más fuerte y categórica que la primera vez.» Pero esta vez encuentra una respuesta, que consiste en no seguir intentando adaptarse al orden establecido. La diferencia con la década anterior, la de los años treinta, es grande. Años más tarde escribe a su amigo el filósofo Valentin Asmous que antes lo festejaban, publicaban hasta la menor palabra que decía y lo mandaban al extranjero, y sin embargo era irremediablemente infeliz. La razón era una especie de cuadratura del círculo: quería glorificar el mundo que lo rodeaba y al mismo tiempo ser fiel a sí mismo. «El problema era irresoluble [...] me volvía loco y me moría. Ahora estoy enfermo y nadie me honra, pero soy feliz y libre, escribo mi novela, que nadie necesita, pero que no puede separarse de mí.»[1] Antes, Pasternak se había encerrado en un callejón sin salida derivado de sus dos imperativos irreconciliables, y el resultado era la depresión nerviosa. Desde que decidió escribir su libro y preocuparse sólo de su verdad, ya no de si lo aceptan, está en paz consigo mismo y es feliz. Había tomado esta decisión durante la guerra. «Debo renunciar a poner algo de mí si se trata de algo auténtico. Además así me concederé más libertad.»[2]

1. Olga Ivinskaïa, *Otage de l'eternité*, *op. cit.*, p. 111; a Asmous, 3 de marzo de 1953.
2. A Genia Pasternak, 12 de marzo de 1942.

En diciembre de 1945, al volver de un viaje a Georgia, decide que ha llegado el momento de pasar a la acción. «Por primera vez en mi vida necesito escribir algo verdadero, de una vez por todas.» Es la «primera vez» no sólo que tiene la intención de escribir una obra verdadera, sino también que se niega a tener en cuenta cualquier otra exigencia. Unos días después detalla: «He empezado una gran obra en prosa en la que quiero incluir lo que básicamente ha conmocionado mi vida».[1] No basta con que lo que escribe sea verdad, sino que además debe alcanzar lo esencial, es decir, lo que ha decidido la vida de Pasternak y de su generación: la revolución, con sus causas y sus consecuencias. En ese mismo momento comenta a Nadezhda Mandelstam: «Quiero escribir una obra en prosa sobre toda nuestra vida, desde Blok hasta la guerra actual». Unos meses después justifica su decisión: «Soy ya viejo, quizá no tarde en morir, y no puedo aplazar hasta el infinito la libre expresión de mis verdaderos pensamientos. Los trabajos de este año son los primeros pasos que doy en esta dirección». La novedad reside básicamente en la fórmula «libre expresión». Pasternak ha elegido la insumisión, escribirá sin concesiones, sin tener en cuenta la censura, en otras palabras, aceptando la idea de que su libro jamás se publique. En 1935, el intento de conformarse a las exigencias oficiales y a la vez ser fiel a sí mismo le había llevado al límite de la enfermedad mental. Lo que ahora podría tener el mismo efecto es la idea de abandonar su trabajo, «me volvería loco en dos o tres días».[2]

Pasternak escribe este libro para ser totalmente sincero consigo mismo, pero también porque es su deber de superviviente con aquellos que cayeron bajo los golpes, directos o indirectos, del régimen comunista. Son personas como Tabidze, Pilniak y Meyerhold, ejecutados en las cárceles de la

1. A Olga Freidenberg, 23 de diciembre de 1945; a la misma, 1 de febrero de 1946.
2. A Nadezhda Mandelstam, 26 de enero de 1946; a Olga Freidenberg, 5 de octubre de 1946; a Nina Tabidze, 25 de noviembre de 1948.

policía, como Mandelstam, muerto en un campo de concentración, incluso como su padre, el pintor Leonid Pasternak, que, debido a la revolución y a que emigró, nunca tuvo el reconocimiento que merecía. La persona en la que más piensa es quizá Marina Tsvietáieva, a quien las acciones conjuntas de los dos tiranos, Stalin y Hitler, llevaron al suicidio. A Pasternak le afecta especialmente su destino porque considera que es la mejor poeta de su generación, porque se siente responsable de que volviera a la URSS y porque desde 1948 entra en contacto con su hija Alia, que entonces está deportada en un gulag. A esto se añade una culpabilidad puntual: ha perdido las cartas que le había enviado Tsvietáieva, pese a que describe esta correspondencia como «la más importante de mi vida». El destino de esta mujer lo conmociona. Concluye: «La vida en mi entorno era a menudo indignante y ofensivamente sombría e injusta, y esto me convertía en una especie de vengador o de defensor de su honor [el de la vida] [...] Pero ¿qué puedo hacer? Bueno, pues esta novela es parte de mi deuda».[1] En el poema que dedica a la memoria de Tsvietáieva en 1943, Pasternak habla del réquiem que le debía. En una carta premonitoria que ella le había escrito el 18 de abril de 1926, Tsvietáieva le pedía que escribiera en su memoria no un réquiem, sino un himno. Sin duda podemos leer *El doctor Zhivago* como la realización de este último precepto.

La decisión de no seguir intentando reconciliar exigencias incompatibles y escribir su libro sin preocuparse de si llega a publicarse permite a Pasternak acceder a un estado próximo a la beatitud, que durará diez años, desde finales de 1945 hasta finales de 1955. La perfecta adecuación entre su persona y los grandes principios de su existencia le lleva a decir sí a la vida, pese a que la vida que le rodea no ha cambiado. «Me siento muy bien interiormente, mejor que cualquiera en el mundo», escribe a su prima, y unos meses des-

---

1. Citado por Varlam Shalámov, *Correspondance avec Boris Pasternak...*, *op. cit.*, p. 176; a Olga Freidenberg, 30 de noviembre de 1948.

pués: «He recuperado totalmente la sensación de felicidad y la inmensa fe que me inspira, que me han invadido durante todo este año».¹ A su alrededor, amigos suyos están sumidos en la desgracia. En lugar de compartir su sufrimiento, los ayuda honrando la vida. «Pues sí, la sincera y amplia libertad de vínculos con la vida me hace loca e inimaginablemente feliz.»² Esta sensación, similar a la experimentada por Etty Hillesum, es nueva para él, y lamenta no haberla conocido antes.

Lo que impresiona de esta experiencia es que incidentes que en otro tiempo habrían bastado para sumirlo en la depresión ahora no afectan a su sensación de libertad interior y de felicidad. En octubre de 1949 detienen a la mujer de la que está enamorado, Olga Ivinskaya, acusada de mantener relaciones íntimas con «personas sospechosas de espionaje», acusación absurda, porque la persona en cuestión es el propio Pasternak, que sigue en libertad, lo que demuestra que la sospecha no está justificada. Unas semanas después Pasternak escribe: «Precisamente ahora tengo una pena enorme, que intenta destrozarme a diario, y mi felicidad y el destino de mi trabajo consisten en luchar cada día contra ella». Puede soportar con valor no sólo la desgracia de los demás, sino también la suya propia. En octubre de 1952 Pasternak sufre un infarto, lo trasladan al hospital, las habitaciones están llenas y pasa la noche en el pasillo, pero «entre dos síncopes y dos ataques de náuseas y de vómitos, ¡qué calma, qué beatitud!». Creyendo que ha llegado su hora, se dirige mentalmente a Dios: «"Te doy gracias por darle a todo colores tan intensos, por haber hecho de la vida y la muerte lo que son, porque tu palabra sea majestuosidad y música, por haber hecho de mí un artista, porque el arte sea tu escuela y por haberme preparado toda la vida para esta noche." Y *me llenaba de júbilo* y *lloraba* de felicidad». Más

1. A Olga Freidenberg, 31 de mayo de 1946; a la misma, 5 de octubre de 1946.
2. A Olga Freidenberg, 29 de junio de 1948.

adelante trasladará esta experiencia a su poema «En el hospital». En otra ocasión dirá: «Todo está bien. Incluso lo triste».[1]

Esta aceptación total de la vida ofrece a Pasternak protección frente a las agresiones cotidianas, se siente como inmunizado contra los efluvios negativos e impermeable a las opiniones y los sarcasmos. Es a la vez una condición necesaria para que avance la escritura. Las dos, escritura y vida, se refuerzan mutuamente. En ocasiones incluso se confunden. Cuando termina su novela, puede concluir: «Por su densidad y su claridad, por la inmersión en el trabajo que me gusta, mi vida de estos últimos años es para mí casi una continua fiesta del alma. Estoy más que contento con ella, me hace feliz».[2]

Entretanto, la vida literaria sigue su curso. En agosto de 1946 empieza el segundo periodo de la «revolución cultural» soviética, el ataque de Zhdánov contra la insuficiente sumisión de los escritores y otros artistas a los dogmas del partido. Los blancos prioritarios son Ajmátova y Zóschenko, pero no olvidan a Pasternak y declaran su poesía apolítica, y por lo tanto inútil. No saben que en ese mismo momento ha pulido su proyecto de novela eminentemente política, que incluso ha escrito muchas páginas y que, en respuesta a estas acusaciones, ha organizado una lectura –cierto que privada, aunque colectiva– de las páginas que ya ha escrito, lo que supone una declaración de insumisión (el ataque data del 7 de septiembre de 1946, y la lectura del 9 de septiembre de ese mismo año). Las manifestaciones de este espíritu oficial que se ha vuelto tan ajeno a él parecen estimularlo en lugar de frenarlo. Recibe otras provocaciones de este tipo. En marzo de 1947, un secretario de la Unión de Escritores le dedica un artículo conminatorio que lo presenta como un autor hostil a la revolución, es decir, como un

---

1. A Olga Alexandrova, 20 de noviembre de 1949; a Nina Tabidze, 7 de enero de 1953; a Olga Freidenberg, 31 de julio de 1954.
2. A N. Smirnov, 2 de abril de 1955.

enemigo del pueblo. En abril de 1948 le cuentan que su antología poética no va a publicarse. En febrero de 1949, la prensa vuelve a publicar ataques contra su falta de entusiasmo prosoviético. Su mera existencia irrita a sus colegas, porque significa que es posible vivir en la sociedad soviética sin doblar el espinazo día tras día. Sin embargo, sigue siendo inmune. No sólo no lo detienen, sino que no le privan de encargos de traducciones, lo que le garantiza un modo de vida relativamente acomodado. Pasternak lamenta el tiempo que le ocupan las traducciones, un tiempo que no puede dedicar a sí mismo y a escribir su novela, pero son precisamente las traducciones las que le permiten evitar los compromisos políticos y le ofrecen cómodos ingresos.

Por lo demás, su vida oficial es pobre. Como ha decidido escribir una obra impublicable, se aleja progresivamente del entorno de los escritores aceptados por el régimen. Ofrece varias lecturas públicas de poesía, pero se acaban enseguida, a pesar del (o debido al) interés que suscitan. Se limita pues a leer fragmentos de su novela o a enviar partes a amigos para saber sus impresiones. Por el contrario, lleva una vida íntima agitada. Ha conocido a Ivinskaya en octubre de 1946 y son amantes desde abril de 1947, pero Pasternak no tiene intención de dejar a su esposa, madre de su segundo hijo. Detenida en 1949, Ivinskaya tiene un aborto natural en la cárcel y es condenada a cinco años en un campo de concentración. Durante su deportación, Pasternak mantiene a su familia en Moscú. Tras la muerte de Stalin, en 1953, liberan a Ivinskaya y retoman la relación. Las dos mujeres de Pasternak no se hablan. En 1955 alquila una casa en Peredélkino para Ivinskaya, y los amantes pueden verse aún más a menudo.

Pasternak dedica pues casi todo su tiempo a la novela y a su vida íntima. Escribe cartas a las muchas personas con las que mantiene correspondencia y recibe con benevolencia sus halagos, y también ayuda económicamente a los conocidos que lo necesitan, pero no mantiene contactos personales. Es el precio a pagar si quiere concluir su obra, y si algunos consideran que este retiro afectivo es egoísmo, qué se le va a hacer. Ni siquiera cambia sus hábitos cuando la persona con la que más se cartea, su prima Olga Freidenberg, cae enferma. Una pariente común, que se ocupa de ella durante la enfermedad, se lo reprocha. En su repuesta, Pasternak formula la regla de vida que se ha dado a sí mismo. «Es una obra que sólo escribo para mi satisfacción personal, que jamás verá la luz, o sólo en un futuro lejano [...] sólo puedes cumplir este sueño recurriendo a forzosas medidas de desconexión temporal de todo lo que te rodea.» Freidenberg muere el 6 de julio de 1955. Pasternak, que todavía no lo sabe, responde a otra carta llena de reproches ofreciendo ayuda económica y concreta su concepción del deber humano cuando el hombre es también un artista: «En general, lo único que podríamos hacer respecto de todos los casos que nos son queridos y de toda la vida valiosa y condenada que perdemos es volcar todo nuestro amor en la creación y la elaboración de lo vivo, en una labor útil, en un trabajo creador».[1]

1. A M. Markova, 26 de junio de 1955; a la misma, 6 de julio de 1955.

Aleksandr Solzhenitsyn

UNA VOCACIÓN

Interrumpo aquí el relato de la vida de Pasternak para abordar la de un escritor menor que él antes de que los dos relatos se crucen. Por más que se remonte en el pasado, Solzhenitsyn sólo encuentra una cosa a la que siempre quiso dedicarse: escribir.[1] A los dieciocho años, cuando está en primero de universidad (en matemáticas), concreta su proyecto: escribirá una novela sobre la Revolución de Octubre, que empezará por su prehistoria, desde el principio de la Primera Guerra Mundial. «Lo veía como el proyecto central de mi vida.»[2] Entretanto, la Segunda Guerra Mundial irrumpe en la vida de los rusos en 1941, y Solzhenitsyn quiere participar activamente en ella. También él cree que los escritores deben vivir plenamente los acontecimientos de su tiempo y de su

1. Para los escritos de Solzhenitsyn cito las siguientes ediciones: *Une journée d'Ivan Denissovitch*, Julliard, 1963 [Traducción española: *Un día en la vida de Iván Denísovich*, Barcelona, Tusquets, 2008]; *Les Droits de l'écrivain*, Seuil, 1969 (abreviado como *Droits*); *Lettre aux dirigeants de l'Union soviétique*, Seuil, 1974 (*Aux dirigeants*) [*Carta a los dirigentes de la Unión Soviética*, Barcelona, Plaza & Janés, 1974]; *L'Archipel du Goulag*, t. I-II, Seuil, 1974 (*Goulag*) [*Archipiélago Gulag*, Barcelona, Tusquets, 2008]; *Le Chêne et le Veau*, Seuil, 1975 (*Chêne*); *Le Déclin du courage*, Seuil, 1978 (*Déclin*); «Nobelevskaja lekcija», en *Publicistika*, Ymca-Press, 1981 (*Nobel*); Lioudmila Saraskina, *Alexandre Soljenitsyne*, Fayard, 2010 (*Bio*). Para los escritos de Pasternak véase la primera nota del capítulo anterior, pp. 83.
2. *Bio*, p. 154.

país. Pero no por eso olvida su proyecto, y si quiere seguir vivo es sobre todo para poder cumplir la misión que siente que tiene encomendada.

Su vida da un giro en febrero de 1945, cuando el soldado Solzhenitsyn pisa ya suelo alemán. Interceptan su correspondencia con un compañero de sus años universitarios, lo detienen y lo mandan a la cárcel de Moscú. Los dos cómplices intercambiaban imprudentemente sus opiniones sobre la situación política en su país y sobre su jefe, Stalin. No lo tenían en gran estima y pensaban que había que volver a las bases de Lenin. Esta interrupción en su itinerario –es condenado a ocho años en un campo de concentración– transforma su proyecto de forma decisiva. Retrospectivamente, ve en ello el segundo nacimiento de su vocación. «Si no hubiera estado en la cárcel, habría llegado a ser un escritor más en la Unión Soviética, pero no habría entendido ni mi verdadera misión, ni la situación real de mi país [...] El escritor al que veis ante vosotros se ha hecho en la cárcel y en el campo de trabajos forzados.» Solzhenitsyn, convencido de que los campos son una consecuencia inevitable de la revolución, tiene ahora una nueva visión de la misma. Representar la una sin el otro sólo puede ser una mentira. Gracias a su detención ha descubierto la parte de atrás del decorado, el mundo subterráneo de los campos, sin el cual no se puede descubrir la verdad del mundo visible. «El Archipiélago no es más que el heredero, el hijo de la Revolución.» A partir de ahí cambia su concepto de la revolución: «Las revoluciones sangrientas, las revoluciones de masas son siempre mortíferas para los pueblos en los que se producen».[1] Desde este momento, con un acto de insumisión al conformismo ambiente (estamos en 1948-1949, Solzhenitsyn tiene treinta años), empieza su actividad creadora.

Hacia 1950 se produce otro cambio importante. En un primer momento, Solzhenitsyn estaba detenido en el campo en calidad de matemático, para trabajar en un proyecto

1. *Bio*, p. 271; *Chêne*, p. 308; *Aux dirigeants*, p. 41.

científico, en un instituto de investigación clandestino. Es una situación privilegiada. Los detenidos no pasan frío ni hambre. Sin embargo, no está satisfecho. De manera confusa se da cuenta de que si se queda confinado en ese zulo, no será libre de pensar en su vida y en su obra. «A tientas, buscaba ya un sentido a la vida carcelaria.» Para estar en condiciones de decir la verdad de una situación, no hay que eludirla, hay que vivirla desde dentro. Acepta pues sin protestar su traslado a otro campo, donde trabajará al aire libre, una actividad física y en condiciones mucho más duras (se convertirá en albañil). Sin ser del todo consciente, ha decidido sacrificar su relativa comodidad para estar en condiciones de elaborar una descripción auténtica de esta experiencia. Un poema que escribe en esta época consigna este cambio: «He pagado un alto precio para que mis versos circulen libremente, / he saldado cruelmente los derechos del poeta». Va al encuentro de su destino. Aunque todavía no es creyente, empieza a aceptar las peripecias de su vida como si le vinieran impuestas por un orden superior y renuncia a desplegar su ingenio para conseguir ventajas materiales, en lo que coincide con las convicciones de Etty Hillesum. Escribe a su (primera) mujer: «Ahora creo en el destino, en la inevitable alternancia de la suerte y de la mala suerte, y aunque de joven tenía la audacia de intentar influir en el curso de mi vida y modificarlo, ahora suele parecerme un sacrilegio».[1] Este último cambio hace de Solzhenitsyn la persona que escribirá sus obras de madurez.

La primera misión que se asigna es contar la verdad de los campos de concentración. «Me convertí en el cronista atento de la vida del campo» (como Etty, que quería escribir «la crónica de nuestras tribulaciones» en Westerbork). Pero no se limita a la obligación de describir estos lugares de detención. Quiere mostrar su monstruosidad. Este acto literario es al mismo tiempo un acto de lucha, porque Solzhenitsyn quiere contar al mundo la verdad para cambiarlo. Sabe que

1. *Bio*, pp. 347, 361, 364.

no dispone de fuerza para llevar a cabo un ataque frontal. Pero se ha dado cuenta de que existe una relación implícita entre la violencia, responsable de la existencia de los campos, y las mentiras que dicen al respecto. «No olvidemos que la violencia no vive sola, que es incapaz de vivir sola. Está necesariamente enlazada a la mentira. Las dos están unidas por los vínculos naturales más estrechos. La violencia sólo puede esconderse detrás de la mentira, y la mentira sólo encuentra apoyo en la violencia.» El último texto que difunde Solzhenitsyn antes de que lo expulsen de su patria, en 1974, se titula «No vivir en la mentira», y en él llama a sus conciudadanos no a rebelarse, sino sólo a dejar de alimentar la mentira que los rodea con su silencio o a someterse a ella y concederle su consentimiento tácito, por lo tanto a empezar a vivir en función de la verdad. Gracias a su elocuencia, los escritores gozan de un privilegio. «Los escritores y los artistas pueden hacer más [que los demás ciudadanos, es decir, abstenerse de mentir]. Pueden *vencer la mentira* [...] La mentira puede ofrecer resistencia a muchas cosas en el mundo. Al arte no.»[1]

La literatura no puede luchar directamente contra la violencia, pero, al destruir la mentira, puede hacer que se tambalee. Como dice Korney Chukovski, en la época amigo de Solzhenitsyn (tras haberlo sido de Pasternak): «Un Estado no tiene grandes posibilidades de mantenerse si sus escritores se ponen a decir la verdad al pueblo». La verdad de una obra de arte no puede establecerse mediante la confrontación directa con la realidad mencionada, sólo puede deducirse de la adhesión afectiva que suscita, de la emoción que sienten los lectores o los espectadores. Cuando el arte y la literatura alcanzan la verdad, los lectores o los espectadores les conceden una confianza absoluta, y esta confianza se convierte en indicio de la verdad. Unos y otros saben intuitivamente que la mentira no impide elaborar un buen discurso electoral o un artículo bien argumentado, pero paraliza la

1. *Bio*, p. 367; *Nobel*, p. 22.

obra de arte. «Las obras de arte que han buscado la verdad profunda y nos la presentan como una fuerza viva se apoderan de nosotros y se nos imponen, y nadie, jamás, ni siquiera en las épocas futuras, podrá refutarlas.»¹ Solzhenitsyn no cree que la literatura por sí sola pueda derrocar el régimen, pero sí que debe desempeñar un papel fundamental. Al no traicionar la verdad, permite hacer comprensible el mundo que nos rodea, y por lo tanto aportar claridad a las mentes ciegas.

Solzhenitsyn se ve como un «escritor apegado a la verdad», para el que «lo que cuenta es la verdad», está convencido de lo «lo fundamental en una creación es la veracidad, la experiencia de vida». No le obsesiona el arte, ni la belleza, ni la expresión íntima del individuo. La belleza a la que aspira no es más que otra manera de llamar a la verdad (según el sentido que adopta esta palabra en la famosa frase de Dostoyevski «La belleza salvará el mundo»). Se ve no como un autor interesado en su singular interioridad, sino como portavoz de los millones de víctimas del gulag. «Debía siempre y exclusivamente partir del hecho de que yo no era yo, y de que mi destino literario no era mío, sino de todos aquellos millones que no habían conseguido garabatear, cuchichear o murmurar en un estertor lo que fue su destino de cautivos, sus últimos descubrimientos de presidiarios.» Por esta verdad Solzhenitsyn acepta arriesgar su vida, como escribe a los dirigentes de la Unión de Escritores Soviéticos: «Nadie conseguirá bloquear el camino a la verdad, y estoy dispuesto a morir para que avance».² La literatura se ha convertido aquí en un arma para luchar contra la injusticia.

En la época en la que vive Solzhenitsyn, la verdad que debe contarse es la de los campos de concentración. En la Unión Soviética, esta época recibe el nombre de «deshielo», que designa la tímida liberalización que emprende Jrush-

---

1. *Dnevnik*, 20 de mayo de 1967, t. II, p. 389, citado en *Bio*, p. 595; *Nobel*, p. 9.
2. *Chêne*, pp. 8, 17, 56; *Droits*, p. 34.

chov, el sucesor de Stalin, una puerta entreabierta por la que se han apresurado a pasar muchos escritores que se limitan a críticas superficiales y mejoras cosméticas de la sociedad. Para Solzhenitsyn (como por lo demás para Pasternak), su aportación no tiene valor, porque no se atreven a abordar lo esencial. «Todos [...] habían aceptado, fuera cual fuera el tema o la materia, no decir *la verdad capital*, la que salta a la vista de la gente sin necesidad de literatura.»[1] Aquella verdad capital, la del archipiélago de los campos de concentración, es incontestable. Una vez formulada, es irrefutable. Toda la población del país presiente su existencia, aunque no tiene una idea clara de ella. Cierto que la imagen que podríamos trazar de la vida soviética no se agota con la represión y la experiencia de las cárceles y de los campos de concentración, pero si omitimos esta parte fundamental, la imagen se convierte en un pueblo Potemkin, un decorado cuya función es enmascarar la odiosa realidad. Hay que añadir que aunque todos están de acuerdo con esta constatación, no sucede lo mismo con otras materias, con otros temas más abstractos o más alejados en el tiempo, como experimentará Solzhenitsyn con sus novelas dedicadas a los años de la Primera Guerra Mundial (*La rueda roja*).

No podemos afirmar que, al margen de todo contexto, contar y difundir la verdad sea un acto virtuoso. Conocemos las objeciones que formulaba Benjamin Constant contra la exigencia absoluta kantiana de decir la verdad en toda circunstancia: y si se tratara de esconder a un amigo perseguido por asesinos, ¿deberíamos descubrir dónde está? ¿No tenemos pues derecho a aliviar el sufrimiento de un ser querido ocultándole la gravedad de su situación? Proteger, consolar y cuidar son actos que contribuyen más al bien de otra persona que decir fríamente la verdad. Pero no sucede lo mismo con el interés común y con sacar a la luz actos criminales. No se puede admitir que, con la excusa de que «no hay que desanimar a Billancourt» (frase atribuida a Sartre,

1. *Chêne*, p. 14.

preocupado por el bienestar de la clase obrera francesa), camuflemos la verdad sobre los campos soviéticos. Dedicarse a determinar y difundir la verdad a este respecto se convierte en un acto moral, una contribución al bien, tanto más meritoria cuanto que este acto es arriesgado y puede acarrear consecuencias dolorosas.

Solzhenitsyn, que conoce la dureza de los campos, tiene un valor poco frecuente. Al convertirse en portavoz de los masacrados, de los desaparecidos, de los torturados y de los humillados, actúa con abnegación y se expone a ser severamente castigado. Sacrifica su interés individual en el altar del bienestar de todos. No se preocupa directamente del bien que puede proporcionar a los demás individuos, sino que se pone al servicio de una entidad superior, la verdad, y de entidades colectivas, el pueblo, la nación y la humanidad. Obligado a actuar así en favor del bien común, el escritor puede salir de su espacio personal singular. Comparte progresivamente la responsabilidad de que el mundo que lo rodea sea como es. En este sentido, Solzhenitsyn tiene razón en ver una dimensión moral a sus obras, que, al mostrar la verdad del mundo, alcanzan la belleza artística. «Así, la unidad de la antigua trinidad, formada por la Verdad, el Bien y la Belleza, quizá no es sólo una fórmula vacía y marchita, como pensábamos en nuestra presuntuosa y materialista juventud.»[1]

UNA ACTIVIDAD

La actividad literaria de Solzhenitsyn en su país se divide en dos grandes periodos. En el primero, que va de 1949 a 1960, escribe sus obras sin la menor esperanza de publicarlas en vida, simplemente quiere conservar cierto rastro de la dura época de su vida y cree dirigirse a las generaciones futuras. Al principio, mientras todavía está en el campo (hasta 1953),

1. *Nobel*, p. 9.

no escribe, sino que compone mentalmente o, si escribe, se aprende los textos de memoria y luego los destruye. Compone así una novela autobiográfica en verso de más de diez mil líneas (dos veces el *Eugenio Oneguin*, de Pushkin), que guarda exclusivamente en su memoria. En los años siguientes, cuando lo relegan a perpetuidad a Kazajistán (1953-1956) y cuando trabaja como profesor de instituto en Rusia, guarda sus manuscritos, pero, consciente de que su contenido es explosivo, adopta una disciplina de vida estricta. Renuncia a las relaciones sociales y nunca va a casa de amigos y conocidos (porque en caso contrario debería invitarlos a su casa y podrían ver algún manuscrito), de modo que se limita exclusivamente a la vida interior. Mucho tiempo después, recordando esta época de su vida, la describe así: «Alegría de escribir y sufrimiento por no poder casarme ni mantener una relación estable con una mujer, porque mi secreto era lo más importante».[1] Sus obras incluyen poemas, obras de teatro, relatos y una novela, *El primer círculo* (1956).

Su esposa, que lo había abandonado durante su detención, regresa con él y vuelven a vivir juntos. Le impone su régimen draconiano. «Mi estilo de vida: en Riazán, no tener absolutamente ninguna relación, ningún amigo, no recibir a nadie en casa y no ir a ver a nadie.» Su comportamiento público debe quedar al margen de toda sospecha. «No esbozar un gesto que oliera a rebelión y a lucha, ser un ciudadano soviético ejemplar.» (Esto me recuerda a la conducta de una chica a la que yo veía a menudo en 1968: se hizo revolucionaria y siguió un entrenamiento militar en campos de Cuba; de vuelta en París, vigilaba sus gestos para no llamar la atención de la policía: «Siempre cruzo la calle por los pasos de cebra», me decía.) La relación matrimonial también se ve entorpecida por la prioridad que Solzhenitsyn concede a la creación literaria. A su mujer le cuesta doblegarse a todas estas obligaciones. «A veces mi marido me parece una

1. *Bio*, p. 414.

máquina en constante movimiento: trabajo, trabajo y trabajo», escribe. El propio Solzhenitsyn es consciente de
ello: «No puedo sacrificar mi novela por mi mujer». Le dice:
«Nunca olvides que vivo ante todo por mi trabajo». Desesperada –y para llamar su atención–, su mujer intenta
suicidarse. Solzhenitsyn sólo ve en ello las molestias que
ocasiona a su escritura. Anota en su diario: «Y para colmo,
su suicidio (afortunadamente fallido) echa a perder, justo en
el momento en que lo estaba acabando, el primer nudo» (de
su ciclo novelístico *La rueda roja*).[1] Los esposos se separan y
el matrimonio se disuelve en 1972.

Pasados doce años, hacia 1960, a Solzhenitsyn empieza a
parecerle insoportable la clandestinidad que rodea su trabajo. Sólo se atreve a confiar sus manuscritos a antiguos *zeks*
(presidiarios), de modo que ningún lector competente desde
el punto de vista literario conoce, y por lo tanto puede comentar, sus textos. Sin dejar de rodearse de infinitas precauciones, empieza a difundir de forma limitada sus obras en
samizdat. Hay que decir que la situación política del país ha
evolucionado. A finales de febrero de 1956 un acontecimiento (que ya he comentado al principio de este libro) ha
sacudido el movimiento comunista mundial: en el XX congreso del partido soviético, su secretario general, Nikita
Jrushchov, ha presentado a puerta cerrada un informe secreto sobre los crímenes de Stalin y del estalinismo, en el que
denuncia el «culto a la personalidad» imperante en las décadas anteriores. Pese al secreto oficial, el contenido del informe no tarda en difundirse por todas partes. En 1958 Pasternak publica su novela *El doctor Zhivago* en el extranjero, y
a finales de año le conceden el Premio Nobel. Solzhenitsyn
no valora su comportamiento en esta ocasión, ni tampoco la
novela (volveré sobre este tema), pero ve en él un ejemplo a
pensar y a seguir. Por último, en 1961 se celebra otro congreso del partido comunista, el XXII, en el que se multiplican las críticas al legado estalinista. Aunque Solzhenitsyn

1. *Chêne*, pp. 12, 13; *Bio*, pp. 601, 621, 653, 655.

sigue tomando muchas precauciones (deja copias de sus obras a personas de confianza), decide salir de la clandestinidad. Hace que lleven el manuscrito de su relato *Un día en la vida de Iván Denísovich*, cuya primera versión había escrito diez años antes, a la redacción de la revista más liberal de la época del deshielo, *Novy mir*, dirigida por el poeta Tvardovski.

En la nueva versión del relato ha eliminado los discursos generales y las valoraciones abruptas que tenía antes. Es una descripción minuciosa, documental, casi etnográfica de un día cualquiera en la vida de un detenido cualquiera, utilizando un vocabulario muy preciso. El estilo es lacónico, incluso austero, sin intervenciones del autor y sin debates teóricos. La vida de los *zeks* se impone al lector con la fuerza de la evidencia. Sus preocupaciones constantes tienen que ver con la comida, con la posibilidad de no pasar frío, de no mojarse y de librarse de las humillaciones de los vigilantes. El relato reproduce además la diversidad humana de los detenidos, y también los valores a los que se apegan pese a la adversidad: una forma de solidaridad, de respeto por la condición humana, un sentimiento de justicia y de dignidad también en la exigencia de hacer bien el trabajo que hay que hacer, en este caso construir una pared recta. Los personajes de este relato, y en especial su protagonista principal, no son intelectuales, son personas sencillas que proceden de todos los medios. Leyendo este relato nos decimos que sólo un *zek* que ha vivido esta experiencia puede trasladarla de manera tan convincente y causar inmediatamente la impresión de verdad integral. Es «el gran avance» que pedía Solzhenitsyn a los escritores del deshielo, pero que éstos no se atrevían a realizar. Sin decirlo abiertamente, con este relato ha llevado a cabo un terrible acto de acusación contra el régimen responsable de este mundo de trabajos forzados.

Tvardovski lee el texto, le impacta y lucha con todas sus fuerzas para que lo publiquen. Tras haber impuesto su punto de vista a sus colaboradores en la revista, lo manda al comité central del partido. La fuerza y a la vez la contención del relato son tales que no suscita un rechazo violento. Jrush-chov también lo recibe, lo lee, le entusiasma y llama a sus colegas del Politburó, Mikoyán y Súslov, para transmitirles su admiración. «Un texto fuerte, muy fuerte. Un texto vivificante. Y para mí, escrito en conformidad con las posiciones del Partido.»[1] El texto, que aparece en noviembre de 1962, tiene un éxito enorme, y Tvardovski intenta incluso conseguir para su autor el Premio Lenin, la más elevada recompensa oficial. A Solzhenitsyn le incomoda, porque sabe que las recompensas crean obligaciones. Para su alivio, sus adversarios se movilizan y no le conceden el premio. Retrospectivamente, nos sorprende la miopía de los dirigentes soviéticos. ¿Cómo es posible que no se den cuenta de que un texto de este tipo no se limita a condenar los excesos y las desviaciones de la política del partido, sino que pone radicalmente en cuestión la legitimidad del régimen que ha posibilitado que se creara ese mundo? La fuerza moral de Solzhenitsyn, que le ha permitido escribir y después conseguir que publicaran el texto, da lugar a un acto político de la mayor importancia. Es uno de los golpes más fuertes que recibirá el régimen soviético, uno de los más decisivos también para su hundimiento, treinta años después.

En 1964 Jrushchov es destituido, cambia el viento, y el deshielo da paso a otra glaciación. Solzhenitsyn inaugura entonces otra estrategia para preservar sus obras y al mismo tiempo asegurarles mayor difusión: las manda a Occidente en forma de microfilms y hace que las publiquen. El *tamizdat* («edición fuera del país») se añade al *samizdat*. Establece un protocolo detallado para estas publicaciones, a seguir en el caso de que le ocurriera una desgracia (deportación o «accidente» mortal). Todas deben hacerse públicas. El antiguo *zek* ha observado que los dirigentes del país han empezado a tener en cuenta, hasta cierto punto, las reacciones extranjeras a sus actos (el totalitarismo ya no es total). Así protegido, se lanza a un ataque de mayor envergadura. Se

1. *Bio*, p. 498.

asigna la labor de escribir una presentación global del sistema soviético de campos de concentración, lo que llamará «el archipiélago gulag», una historia y una geografía del sistema represivo de su país. Tras la publicación de *Iván Denísovich*, Solzhenitsyn recibe gran cantidad de mensajes de otros antiguos detenidos, consulta nuevas fuentes, y su documentación aumenta día a día. Al mismo tiempo, como dice el subtítulo de su libro, la investigación sigue siendo «literaria», porque también recurre a su propia imaginación. Ha tenido esta obra en mente desde 1958, pero ha necesitado tiempo para reunir el material necesario. La escribe entre 1964 y 1966.

Antes del deshielo de Jrushchov, los lectores soviéticos no habían podido leer ningún texto sobre el universo de los campos de concentración, ese doble invisible aunque siempre presente de su mundo cotidiano. Hasta esta época no empiezan a circular en *samizdat* los primeros libros de testimonios y las primeras obras literarias que lo mencionan (como los *Relatos de Kolimá*, de Shalámov). Pero ninguna de ellas puede compararse en amplitud con la obra de Solzhenitsyn. Este último no se limita a su experiencia personal, que por lo demás no es del todo representativa, en la medida en que su detención no ha sido especialmente dura y además ha sacado de ella un beneficio interior del que no tarda en ser consciente («casi me quedé prendado de ese mundo monstruoso», escribe al principio de su libro). Para abordar su tema, ha debido superar la complacencia de ceñirse a su experiencia de víctima y olvidar que en este mundo todos se comportan como verdugos. Pero esta última toma de conciencia es mucho más útil: «Nada favorece tanto el espíritu de comprensión como las reflexiones punzantes sobre nuestros propios crímenes». Este punto de partida le permite acceder a una posición moral totalmente diferente de la del moralizador, que condena a los demás en favor de su propia virtud: «Poco a poco he descubierto que la línea divisoria entre el bien y el mal no separa ni a Estados, ni a clases, ni a partidos, sino que atraviesa el corazón de todo hombre y de toda humanidad».[1] No es seguro que Solzhenitsyn haya sabido siempre mantenerse a esta altura moral. Su libro es fruto de un trabajo colectivo y está destinado a toda la población de la Unión Soviética. Al principio Solzhenitsyn se lo guarda para él y no lo hace circular en *samizdat*. En estos mismos años escribe también una novela, *Pabellón de cáncer*, que intentará publicar. Decide que *El archipiélago* sólo se hará público si la policía política se apodera de él, de modo que representa un arma en reserva. En 1968, después de haber hecho los últimos retoques, manda a Occidente el microfilm de su libro. Aparecerá a finales de 1973, primero en ruso.

Vigilan y persiguen a Solzhenitsyn, y logran apoderarse de parte de sus escritos inéditos, pero no lo detienen. Recibe el mismo trato al que habían sometido en 1960 a otro escritor disidente, Vasili Grossman.[2] La policía política se apoderó de todos los manuscritos de su novela *Vida y destino*, pero lo dejaron en libertad. Al constatar esta situación, Solzhenitsyn decide explotar este nuevo estatus, que pone de manifiesto un equilibrio de fuerzas inédito entre el Estado y los ciudadanos. Como cuenta en la obra que empieza en este momento, *El roble y el ternero*, una especie de memorias inmediatas en las que cuenta sus altercados con los órganos dirigentes del país, se da cuenta de que el espacio de libertad del que goza puede ampliarse, siempre y cuando intente en todo momento ampliar los límites. Parece haber adquirido una «extraterritorialidad ideológica», porque se ha atrevido a proclamar su fe en Dios y ha podido «profesar cualquier idea política» sin que lo metan en la cárcel. En lugar de disimular sus actos ilícitos, ahora los reivindica, en especial la difusión de sus obras por todos los medios. «En adelante basta de dudas, basta de fiebre, basta de remordimientos... ¡sólo la luz de la alegría! [...] ¡Dichoso estado! Por fin he

---

1. *Goulag*, t. I, p. 6; t. II, p. 459.
2. Véase Vassili Grossman, *OEuvres*, Robert Laffont, 2006. [Trad. esp. de *Vida y destino*, Barcelona, Galaxia Gutenberg, 2007.]

conquistado mi espacio singular, mi espacio originario. Poder por fin dejar de alterarme, dejar de buscar, dejar de hacer reverencias y dejar de mentir, y existir sin depender de nadie.»[1] Ahora Solzhenitsyn ha dejado atrás la actitud sumisa y resignada que le habían impuesto. Encontrará cada vez más ocasiones para, como dice, «enderezar el espinazo». Habla libremente en las reuniones a las que lo invitan y escribe cartas abiertas a los dirigentes de la Unión de Escritores. En 1970, después de haber recibido el Premio Nobel de literatura, manda mensajes al secretario ideológico del partido, Súslov, al ministro de Seguridad del Estado, Andrópov (futuro primer ministro), y a los dirigentes de la Unión Soviética en general. Al ministro del Interior le explica por qué no obedecerá determinadas reglas: «No soy ni un ciervo ni un esclavo, soy libre de vivir donde me parezca necesario».[2] Gracias a esta lucha (del «ternero» contra el «roble», según sus palabras), cumple el proyecto de ampliar su espacio de libertad como ningún otro ciudadano soviético. Y llega un momento en que las autoridades no pueden seguir soportándolo. En febrero de 1974 deciden expulsarlo (Alemania se ha ofrecido a acogerlo). Así termina la lucha de Solzhenitsyn contra el poder soviético desde dentro del país, una lucha política, pero que exige de su protagonista cualidades morales de valor y de abnegación a las que en adelante no tendrá que recurrir. Una vez en el extranjero, seguirá con su compromiso sin impedimentos. El escritor es libre de decir y escribir lo que quiera, y los campos de concentración han dejado de ser una amenaza para él.

Por esta razón, y como él mismo temía, pierde parte de su aura. Mientras vivía en la URSS, era no sólo autor de libros y artículos, sino también un individuo que arriesgaba a diario su libertad e incluso su vida para proclamar alto y claro la verdad, para acusar el imperio fundado en la mentira. Pero en Occidente admiramos más el acto de decir que el contenido

1. *Chêne*, pp. 133, 163-164.
2. *Chêne*, p. 309; *Aux dirigeants*, p. 85.

del enunciado, la insumisión del individuo que la crítica de la revolución comunista. Un mismo enunciado no tiene el mismo sentido si lo dice uno u otro, en unas circunstancias o en otras. Una vez instalado el autor en Occidente, sus palabras se perciben de forma diferente. Es una voz más en un debate plural que lleva mucho tiempo produciéndose en el espacio democrático.

Una frase muy citada del escritor estadounidense Philip Roth relatando sus impresiones de la Checoslovaquia comunista pone de manifiesto esta situación diferente: «Allí no hay nada, pero todo es importante. Aquí tenemos de todo, pero nada importa». Además, se valora el gesto valiente porque mejora la calidad del espectáculo. Si el autor no arriesga nada, el espectáculo ya no es tan emocionante.

Los posicionamientos de Solzhenitsyn respecto de las sociedades occidentales enturbian también el sentido de su lucha. Podemos apreciar su valor y su integridad, porque no se siente obligado a aceptar todo lo relativo a la vida pública de los países que le ofrecen asilo, pero eso no impide que su descripción de las democracias liberales no posea la misma fuerza de convicción, la misma verdad incontestable que sus imágenes de la vida bajo el comunismo soviético. Decir que la vida interior de la persona sufre tanto en democracia como bajo el totalitarismo —«En el este es el festival del partido lo que la pisotea, y en el oeste, el festival del comercio»—[1] da muestra del espíritu crítico siempre despierto de su autor, pero no deja de ser una descripción demasiado superficial de las democracias occidentales.

En ningún caso eso hace menos pertinentes los análisis que Solzhenitsyn dedica a la sociedad soviética. Las heridas que inflige a los cimientos ideológicos del régimen y a su legitimidad son profundas y ya no cicatrizarán. Diez años después de su expulsión, el nuevo hombre fuerte del país, Mijaíl Gorbachov, empezará a desmantelar el sistema desde arriba (la perestroika) y también él rechazará la mentira (la glásnost), lo que llevará al hundimiento de la URSS, en 1989-1991.

1. *Déclin*, p. 53.

PASTERNAK RECIBE EL PREMIO NOBEL

Desde la Segunda Guerra Mundial, tres escritores rusos han recibido el Premio Nobel de literatura, aunque uno de ellos, Mijaíl Shólojov, en 1965, es muy diferente de los demás, ya que es el candidato oficial del Estado soviético, mientras que Pasternak, en 1958, y Solzhenitsyn, en 1970, son autores en conflicto con el Estado, en su país sus obras circulan de forma ilegal y sólo se publican en el extranjero (Joseph Brodsky lleva años fuera de su país cuando recibe el premio, en 1987). Sin embargo, más allá de esta similitud, Pasternak y Solzhenitsyn se diferencian en muchos puntos, empezando por su reacción al premio.

Pasternak da los últimos retoques a su novela *El doctor Zhivago* hacia finales de 1955. No cree que, tal y como está el país en ese momento, pueda publicarla, y esta convicción ha dado incluso origen a la libertad interior que necesita para cumplir su destino. «Esta obra en prosa, de gran extensión, es totalmente inadecuada para ser impresa.»¹ Sin embargo, no puede evitar soñar con ello. El deshielo político y los que se contentan con él no le inspiran la menor confianza. «Quiero algo totalmente diferente que ellos, infinitamente más, ellos quieren muy poco, no saben querer con fuerza y mucho.» Los cambios que se anuncian aquí y allá no significan nada para él. «Lo único por lo que podría responder [a esta solicitud], mi novela, no puede imprimirse.» Expresa la misma certeza a Konstantín Paustovski, escritor próximo a los «reformadores»: «Creo que a todos vosotros os dejaría paralizados el carácter inaceptable de la novela. Aunque sólo debe imprimirse lo inaceptable. Lo aceptable se escribe y se imprime desde hace mucho tiempo».² Pasternak tiene razón: el régimen de su país no puede publicar la novela que ha escrito, aunque las

1. A Z. Rouoff, 10 de diciembre de 1955.
2. A Nina Tabidze, 10 de diciembre de 1955; a Z. Rouoff, 12 de mayo de 1956; a Konstantín Paustovski, 12 de julio de 1956.

circunstancias han cambiado un poco. A principios de enero de 1956 toma una decisión arriesgada: envía su novela a dos revistas literarias soviéticas, *Novy mir* y *Znamia*. Mientras espera la respuesta, inicia otros trabajos. Llega el XX congreso, con la denuncia de los crímenes estalinistas. A Pasternak le impresiona, pero no canta victoria. En determinados aspectos, parece incluso preferir a Stalin que a Jrushchov. Dice a Ivinskaya: «Durante muchos años nos ha dirigido un loco y un asesino, y ahora nos dirige un imbécil y un cerdo. Pese a su espantoso oscurantismo, el asesino tenía a veces impulsos, tenía intuiciones. Ahora hemos entrado en el imperio de la mediocridad».[1] Escribe un poema en memoria de los torturados por el régimen, en el que imagina el alma del poeta como la urna funeraria que acoge su recuerdo («El alma»).

En mayo de 1956 se inicia el primer acto del drama que supondrá la publicación de *El doctor Zhivago*. Todo empieza, a principios de mes, con un inocente programa de Radio Moscú en italiano. En abril de 1954, la revista *Znamia* publicó varios poemas de Pasternak, junto con una nota que explicaba que procedían de la novela *El doctor Zhivago*, en proceso de escritura. El periodista de la radio, sensible al ambiente del deshielo, menciona entonces la existencia de este proyecto, que entretanto quizá ha concluido. En Italia, Giangiacomo Feltrinelli, un editor muy rico, de ideas comunistas y de espíritu aventurero, escucha el programa. Pero ya había encargado a un periodista desplazado a Moscú, Sergio d'Angelo, que buscara nuevas publicaciones rusas para traducirlas al italiano. Le pide pues que investigue qué sucede con este proyecto de Pasternak.

A finales de mayo, Pasternak recibe la visita de D'Angelo, que habla bien el ruso, mantienen una larga y agradable conversación, y después el periodista le pide que le muestre el manuscrito de la novela. Al principio Pasternak duda, pero D'Angelo sabe ser convincente: los tiempos han cambiado, Pasternak no ha sufrido ninguna reacción negativa

---

1. Olga Ivinskaya, *Otage de l'éternité*, *op. cit.*, p. 181.

por parte de las instancias oficiales, y el libro seguramente aparecerá también en ruso. Y además Feltrinelli es un buen comunista. Pasternak cede y entrega el texto al periodista para que lo lea. El escritor parece tomárselo a la ligera, aunque dice a su huésped: «Me ha invitado usted a mi propia ejecución».[1] Esa misma tarde el periodista manda el manuscrito al editor italiano. En los días siguientes, Pasternak intenta recuperarlo con la mediación de su compañera Ivinskaya, pero se rinde al darse cuenta de que es demasiado tarde. El 30 de junio firma el contrato que le manda Feltrinelli, todavía contando con que el libro aparecerá primero en la Unión Soviética, porque en caso contrario «la situación sería trágicamente difícil». En realidad está dispuesto a asumir riesgos para asegurarse de que la obra, culminación de su vida creativa, vea la luz. Luego pasa el verano trabajando tranquilamente en otros escritos.

A principios del mes de septiembre, Pasternak recibe una larga carta firmada por los cincos principales responsables de *Novy Mir*. Es un rechazo argumentado explicando que el libro es incompatible con el espíritu soviético. Pasternak lo entiende, pero prefiere dejarlo correr y no lo comenta con nadie. En octubre, los disturbios de Hungría, que ponen en cuestión que el Partido Comunista controle el país, provocan la intervención militar del Ejército Rojo y un nuevo endurecimiento del régimen en la Unión Soviética. A principios de 1957 vuelve a surgir la cuestión de publicar un libro, pero se suspende el proyecto. La perspectiva de publicar en la URSS se aleja. Pasternak describe su desánimo a Ivinskaya: «Suponer que podamos dudar del marxismo y que podamos criticarlo es absolutamente inaceptable, y así será mientras vivamos». Cita las palabras de una amiga que va a visitarlo: «Nuestro país vive bajo el régimen de la dictadura del proletariado, Borís, ¿quizá no has oído hablar de ella o es que te has vuelto loco?».[2]

1. D'Angelo, citado en *ibid.*, p. 249.
2. A Olga Ivinskaya, 22 de abril de 1957.

En agosto, el comité central del partido convoca a Pasternak. Después, durante una acalorada reunión en la Unión de Escritores (a la que no asistirá), lo injurian y lo consideran un traidor a la patria. Le piden que impida la publicación en el extranjero. Pasternak escribe a Polikárpov, el responsable del partido, diciéndole que no lamenta lo más mínimo lo que ha hecho: «He escrito lo que pienso y hasta el día de hoy mantengo mis ideas [...] Si debo pagar la verdad que conozco con el sufrimiento, no es nada nuevo y estoy dispuesto a aceptarlo, sea cual sea». Al copiar esta carta para una amiga, comenta: «Tenía una feliz y eufórica sensación de tranquilidad y de justicia interior, y captaba miradas llenas de horror y de adoración». Dos días después su estado de ánimo sigue tan combativo: «Eran días muy felices, aunque esté perfectamente claro que los próximos años inevitablemente encierran para mí nuevas amenazas y disgustos. Pero sólo así es interesante vivir y no entiendo cómo puede uno creerse artista y contentarse con lo que le permiten, en lugar de arriesgar a lo grande, en la alegría y la inmortalidad».[1]

En realidad, este tono belicoso no se ajusta al carácter de Pasternak, que acabará haciendo lo que le mandan. Envía un telegrama a Feltrinelli pidiéndole que no publique su libro. Dos meses después le escribe una carta expresándole el mismo deseo. Pero en una copia para él anota: «Carta escrita bajo amenaza de muerte», y por lo demás no se preocupa demasiado, porque sabe que, debido al acuerdo anterior con Feltrinelli, éste no le hará caso: «Firmaba [estos despachos fraudulentos] sólo porque estaba seguro (y no me equivocaba) de que nadie en el mundo creería aquellos textos falsos, que no había escrito yo, sino los agentes del Estado, que me los impusieron».[2] Todos los intentos oficiales de detener la publicación fracasan, el libro aparece en Italia en noviembre

---

1. A Nina Tabidze, 21 de agosto de 1957; a S. Chikovani, 23 de agosto de 1957.
2. A Nina Tabidze, 21 de agosto de 1957; a S. Chikovani, 23 de agosto de 1957.

de 1957, la primavera siguiente se publican muchas otras traducciones, y en verano saldrá también en el extranjero el original ruso.

El acto II del drama vinculado a *El doctor Zhivago* empieza en los últimos días de octubre de 1958, con el anuncio del
comité Nobel en Estocolmo de que han concedido el premio
literario de ese año a Pasternak. La existencia de traducciones
publicadas era ya una piedra en el zapato de los dirigentes
soviéticos, pero la concesión del premio otorga al libro una
repercusión mundial y lo convierte en un acontecimiento político de primera línea. ¿Y Pasternak sigue viviendo tranquilamente en su *dacha*? Las altas esferas consideran que esta situación es una provocación intolerable, y los fieles al poder se
ponen furiosos. Al día siguiente los ataques llenan los periódi-
cos. En respuesta, Pasternak escribe una carta sobria en la que
afirma que *El doctor Zhivago* no es un libro antisoviético,
que él no aspira ni a la notoriedad ni a la riqueza, que el
Nobel honra a la literatura soviética, y concluye: «Nadie puede obligarme a considerar este homenaje [internacional] una
vergüenza».[1] Pero no podrá mantener esta posición de neutralidad. Es excluido de la Unión de Escritores, una avalancha
de injurias recorre la prensa, las amenazas son cada vez más
concretas y se plantean exiliarlo del país. Pasternak se depri-
me y propone a Ivinskaya que se suicide con él. Esta propuesta hace que su compañera sea partidaria de llegar a un acuerdo. El 29 de octubre, Pasternak envía un telegrama al comité
Nobel rechazando el premio. Dos días después, el 31 de octubre, firma una carta al jefe del Estado, Jrushchov, que le han
preparado unos amigos. En ella dice que renuncia al premio
literario, que considera que le es imposible exiliarse y que lamenta sus «errores y extravíos».

Pasternak sabe que tiene muchas responsabilidades personales. Mantiene a tres familias, mujer, hijos y suegros: la
de su primera mujer, Genia, la de la segunda, Zina, y la de su
amante, Olga, y ayuda económicamente a muchas otras

1. Carta del 27 de octubre de 1958.

personas. Para disponer del dinero necesario para estos gastos debe seguir ganándolo, y para ello deben seguir circulando sus traducciones. Polikárpov, en el comité central, dispone pues de un poderoso medio de presión. Promete que se reeditará la traducción del *Fausto*, de Goethe, y que le ofrecerán otros contratos de traducción. A cambio, pide a Pasternak que firme otra carta cuyo texto le proporciona, en la que el poeta admite haberse equivocado y «por su culpa» haber creado dificultades a su país. En ella reitera su cariño «a su pueblo, su pasado, su glorioso presente y su futuro». La carta se publicará en *Pravda* el 6 de noviembre de 1958 y conseguirá silenciar la campaña contra él.

Ha cedido terreno, pero todavía no admite estar totalmente vencido. Sigue viviendo en su casa, pasea por el mismo bosque, vive lealmente con su esposa Zina y su hijo, y quiere y cuida a Olga, que vive cerca de él. Puede traducir, escribir y pensar. Le tranquiliza ver que, aunque él está reducido al silencio, su novela ha iniciado su marcha triunfal en muchos países. Cada día recibe cartas de felicitación y de ánimo del mundo entero. Mantiene correspondencia con personas a las que respeta y quiere. Ya no quiere dar marcha atrás. «Me exigen que pida que me readmitan en la Unión de Escritores, lo que supondría inevitablemente renunciar a mi libro. Jamás sucederá.» Ahora el reconocimiento le llega de fuera. «Cada vez más a menudo nos dicen que el libro ocupa en el mundo entero el segundo lugar después de la Biblia.»[1] Pasternak no ha interrumpido sus encuentros con extranjeros, periodistas o simples admiradores.

UNA SEVERIDAD ACUSADORA

En esa época, Solzhenitsyn, un perfecto desconocido que vive en la ciudad de Riazán, sigue estos acontecimientos con gran interés. No le gusta demasiado *El doctor Zhivago*, que

1. A Nina y Titsiam Tabidze, 19 de marzo de 1959.

le parece escrito con un lenguaje artificial, pero al observar las persecuciones a las que es sometido Pasternak, en cuanto le otorgan el premio espera que el poeta aproveche la tribuna mundial que se le ofrece para atacar a sus detractores. «¡Qué discurso puede hacer! [...] Está claro que no le dejarán volver, pero entretanto cambiará el mundo entero y *nos* cambiará.» Su decepción es enorme al descubrir que Pasternak no tiene la menor intención de hacer un gran discurso político. Aún peor, que para escapar del destierro lejos de su patria está dispuesto a admitir sus errores y su culpa, a pedir disculpas públicamente, a renegar de su obra y a humillarse ante los poderosos de su país. «Si te llaman a la lucha, y todavía más en circunstancias tan excepcionales, ¡ve y sirve a Rusia! Lo condené con una severidad acusadora, porque no le encontraba excusa. Desde joven siempre me había parecido imperdonable e incomprensible que el cariño fuera más importante que el deber.»[1]

Desde hace ya algún tiempo, Solzhenitsyn sueña con recibir este premio para convertirlo en un arma poderosa, gracias al eco que suscitarían sus palabras. En vista de lo que le parece una cobarde renuncia por parte de Pasternak, se reafirma aún más en su sueño. «Por descontado, haré todo lo contrario que Pasternak. Lo aceptaré intrépidamente, iré intrépidamente, pronunciaré el discurso más intrépido [...] en nombre de todos los atropellados, de todos los fusilados, de todos los muertos de hambre y los muertos de frío. Subir a la tribuna del Nobel y ¡explotar!» En su libro de memorias, Ivinskaya cuenta una conversación que mantuvo sobre este tema en un encuentro fortuito con el violonchelista Mstislav Rostropóvich, disidente en los años setenta, amigo y admirador de Solzhenitsyn, así como futuro exiliado también él. El músico critica a Pasternak, cuya voluntad de que lo aceptaran los dirigentes le parece vergonzosa. ¡Qué diferencia con Solzhenitsyn! «¡Él sí que les declaró la guerra en nombre de la verdad y sí que sabe defenderla! ¡Él sí que estaba

1. *Chêne*, pp. 287, 288.

dispuesto a morir en nombre de esta verdad!» Ivinskaya intenta explicarle la actitud de su amigo (que en ese momento hace ya más de diez años que ha fallecido) comentándole su cansancio interior y la compasión que sentía por las mujeres asustadas que habían unido su vida a la de él. Rostropóvich lo admite: «Claro, todo es por las mujeres [...] Pero Solzhenitsyn no se habría dejado manejar por mujeres».[1]

Cuando Solzhenitsyn se entera de que acaban de darle el premio, su primera reacción es: «*No hacer nada como Pasternak. ¡Acepto! ¡Sí, iré!*».[2] Sin embargo, poco a poco se da cuenta de que el impacto de su discurso durante la entrega del premio puede ser mucho menor de lo que imaginaba. La Academia sueca parece querer evitar todo escándalo, todo ruido excesivo, así que el discurso sólo debe durar unos minutos y limitarse básicamente a dar las gracias. Tras pensarlo con madurez y consultarlo largamente con su (segunda) mujer, renuncia a ir a Estocolmo, pero por razones muy diferentes de las de Pasternak: no porque correría el riesgo de no poder volver a Rusia, sino porque considera que será más útil a su lucha quedándose en el país que marchándose. Ha constatado que si los opositores están en su país, los castigos que les infligen suscitan vivas reacciones en Occidente, pero si esos opositores emigran, sus voces se pierden en el coro de opiniones divergentes. No basta con que lo que se dice sea verdad. Debe haber además víctimas y sacrificios.

Los comportamientos de Pasternak y de Solzhenitsyn ante la concesión del mismo premio ilustran dos actitudes, ninguna de las dos indigna en sí misma. Solzhenitsyn reprocha a Pasternak no haberse comportado como él, es decir, como un guerrero dispuesto a todo para acabar con su enemigo. A Pasternak la vida no lo ha preparado para hacer este papel. Este hombre, que ha optado por la contemplación en detrimento de la acción, por el individuo en lugar de

---

1. *Chêne*, p. 288; Olga Ivinskaya, *Otage de l'éternité, op. cit.*, pp. 301-302.
2. *Chêne*, p. 296.

por el grupo, no es un guerrero. Prefiere ocuparse y cuidar
de sus seres queridos, aunque también de un círculo bastante amplio de conocidos, al heroísmo y la santidad encarna-
dos por Solzhenitsyn. El uno aspira a romper la cadenas que
paralizan su país, y el otro ha emprendido un camino de
perfeccionamiento personal. Pasternak no pretende derribar
un Estado injusto, sino ofrecer a sus contemporáneos el
ejemplo de una existencia que, incluso en tiempos de angustia, sabe mantenerse digna, que se doblega ante la fuerza
bruta, pero se endereza después de que haya pasado, que
crea obras cuya belleza puede iluminar toda vida desde dentro. Uno quiere la verdad, y el otro quiere la vida. Cuando
termina *El doctor Zhivago*, Pasternak dice a su hijo Evgue-
ni: «Si algún día escribes algo sobre mí, recuerda que nunca
he sido un extremista».[1] ¿Qué le importa firmar dos cartas
en las que asegura a los poderosos su lealtad si su novela,
donde cree haber dicho la verdad, está dando la vuelta al
mundo y la leen millones de personas? Al menos así lo ve él.
   Pasternak no aspira a presentar batalla, ni a sacrificarse
para liberar su país. Es cierto que, como no lo han encarcelado ni deportado, nunca ha sentido un miedo total, el de
perderlo todo, que, una vez superado, proporciona un valor
ilimitado (como el de Germaine Tillon). Pero preferir el cariño a personas concretas frente al deber abstracto que impone el país o la humanidad no le parece ni incomprensible
ni imperdonable. Vive entre individuos que dependen de él y
que también se preocupan de él, y ellos son los que le piden
que envíe cartas de disculpa que han escrito para él. En el
plano político, y desde un punto de vista histórico, es indiscutible que Solzhenitsyn ha dado muestras de mayor eficacia. Cuando denuncia el mal, no se limita a observar el corazón de todo hombre, donde encontraría el bien, sino que lo
atribuye a un régimen que es preciso derribar. Describiendo
minuciosamente los campos de concentración, la cara oscura de la revolución, y haciendo que el mundo entero conoz-

   1. Boris Pasternak, *Correspondance avec Evguénia*, *op. cit.*, p. 546.

ca esta información, gracias a una estrategia adecuada, contribuye significativamente al hundimiento del imperio totalitario soviético. Pero el camino de resistencia elegido por Pasternak también tiene valor político, quizá precisamente porque él no ha reducido su existencia a perseguir un objetivo político. El mundo al que da vida en sus obras no se divide en amigos y enemigos, y él mismo no odia a quienes han construido el régimen comunista. Con sus debilidades e imperfecciones, Pasternak, que sabe beber de la fuente de la vida, está más cerca de los hombres corrientes. Solzhenitsyn ha tomado un camino que pocas personas pueden seguir, en el que el individuo se confunde totalmente con la misión que cree que debe llevar a cabo.

En *El doctor Zhivago*, Pasternak opone dos actitudes, dos concepciones de la vida representadas por Lara y su primer marido, Antipov, un hombre de acción que quiere cambiar la sociedad para adaptarla a su ideal, por lo que se ha convertido en militante y revolucionario. Está de acuerdo con el programa de Marx de que hay que cambiar el mundo, no limitarse a interpretarlo. En cuanto a Lara, intenta cambiarse a sí misma para estar en armonía con el mundo. Al final del libro, contemplando el cuerpo sin vida de Zhivago, menciona este camino, que permitía a la pareja encontrar la unidad. No se trata de un proyecto, sino de la «sensación de pertenecer a la belleza de todo ese espectáculo, de todo el universo» (XV, 15).[1] En lugar de transformar la naturaleza, el hombre debe buscar su lugar en ella.

Solzhenitsyn y Pasternak se ajustan en cierta medida a estos dos prototipos. El primero forma parte de la raza de los eruditos, de los creadores, pero también de los militantes, incluso de los guerreros, que se sirven de su conocimiento del mundo para cambiarlo a mejor. Está más en la acción

1. Las referencias a *El doctor Zhivago* remiten a las partes y a las secciones del libro, en la edición de los *Écrits autobiographiques*. [La edición española de Galaxia Gutenberg ya citada mantiene esta misma numeración. Citamos por ella esta traducción.]

que en la contemplación, y sus gestos encuentran sentido no en sí mismos, sino en el objetivo que permiten alcanzar. El segundo ha hecho una elección inversa, ha aprendido a amar la vida tal cual es y ha querido entenderla y representarla sin atribuirse el papel de guía. Esta inserción del hombre en el cosmos, esta asimilación de la historia a la naturaleza también tiene sus inconvenientes. Puede generar cierta resignación ante el avance de los acontecimientos, como si no fuera posible intervenir voluntariamente. Además, el protagonista del libro advierte a sus amigos: «El hombre que no es libre idealiza siempre su esclavitud» (XV, 7). No es el caso de Pasternak. Aunque ha dado muchas características propias a sus personajes, no se confunde con ellos. Con su sola existencia, el libro modifica el mundo anterior, es resultado de una acción, no de una contemplación.

Varlam Shalámov, que pasó catorce años, de 1937 a 1951, en el gulag de Kolimá, experiencia en la que se basan sus *Relatos de Kolimá*, y que conoció a Solzhenitsyn y a Pasternak tras haberse carteado con ellos, valora de forma más matizada la conducta de este último en este drama. Al final de sus recuerdos sobre él escribe: «La capa de héroe, de profeta y de dios era demasiado grande para los hombros de Pasternak», lo que es indiscutible, pero hay que decir que Pasternak jamás aspiró a ella. Y lo que Shalámov valora en él es otra cosa: «Siempre he considerado y sigo considerando que en la vida deben existir personas, hombres vivos, contemporáneos nuestros, en las que podamos creer, con autoridad moral ilimitada. Y es absolutamente necesario que estén cerca de nosotros [...] Eso era Pasternak para mí».[1]

A Pasternak le queda aproximadamente un año de vida. Sigue traduciendo, contesta cartas y empieza a escribir una obra de teatro, *La bella ciega*, que quedará inconclusa. Muere en mayo de 1960 de un cáncer muy extendido (que descubren una semana antes de que fallezca). En su último

1. Varlam Shalámov, *op. cit.*, pp. 215-216.

mes de vida, en cama, ya no podrá ver a Olga, la mujer a la que ama. Está en manos de su familia legal. Sin embargo, un final de vida tan poco armónico parece ajustarse bien a este hombre, que decía preferir las personas imperfectas, aquellas de las que puede equivocarse, a las justas y virtuosas. Sus últimas cartas de amor datan de un año antes, cuando viaja (por obligación) con su esposa a Georgia, desde donde escribe todos los días a Olga. El 21 de febrero de 1959 escribe: «¡Qué sorprendente es la vida! Hay que amar y pensar en las personas. No hay que pensar en nada más». Y el 4 de marzo de 1959: «Tesoro mío, adorada mía, qué increíble felicidad tenerte en el mundo, y que exista en la tierra la posibilidad casi inimaginable de encontrarte y de verte».

Nelson Mandela

Cuando la ruptura entre dos partes de la población se hace profunda, cuando se sienten extrañas entre sí, cuando se ven como enemigas, aunque vivan en el mismo territorio, el país en cuestión está listo para la guerra civil. Poco importa si la ruptura es religiosa, étnica o racial. Llega un momento en que la lucha por el poder y la dominación se convierte en conflicto militar. En las últimas décadas hemos presenciado luchas entre los ciudadanos de las diferentes repúblicas yugoslavas (serbios, croatas, bosnios y eslovenos), entre los fieles de ramas del islam (sunitas y chiítas), entre los seguidores de uno u otro dirigente, entre diferentes tribus de un mismo país, y entre israelíes y palestinos. Los resultados son siempre catastróficos. Sólo se me ocurre un ejemplo positivo, el de Sudáfrica. No es que todo vaya bien en este país, ni mucho menos, pero se habían dado todas las condiciones para que estallara una sangrienta guerra civil, que no se produjo. Los años de política de apartheid, instaurada por la minoría blanca, hicieron que la mayoría negra acumulara un inmenso rencor, de modo que el conflicto armado parecía inevitable, pero no se produjo. El mérito corresponde a la cordura, o a lo que los antiguos griegos llamaban prudencia, la correcta valoración de todos los elementos de una situación, por parte de los dirigentes de las partes enfrentadas, entre las cuales el primer lugar corresponde sin la menor duda a Nelson Mandela, el jefe histórico del African National Congress (ANC), el movimiento que luchaba por la abolición del apartheid.

El nombre de Mandela es hoy en día conocido y respetado en el mundo entero. Su muerte, en 2013, suscitó una
avalancha de homenajes por parte de jefes de Estado del
mundo entero, que declaraban que Mandela era para ellos
un ejemplo y una fuente de inspiración. Sin embargo, busca-
ríamos en vano discípulos suyos entre los dirigentes políticos. Queda bien elogiarlo en público, pero, una vez en su
país, siguen actuando como siempre han hecho, sin tener en
cuenta la lección de Mandela. En el bonito discurso que pro-
nunció en el funeral de Mandela, Barack Obama decía que
todo hombre de Estado debería preguntarse: ¿he aplicado
sus lecciones a mi propia vida? Constataba que la lucha contra el racismo había conseguido algunas victorias también
en Estados Unidos, mientras que la lucha contra la pobreza
y la desigualdad, por la justicia social, no avanzaba. Pero
Obama no dijo una palabra sobre los combates que su país
sigue librando con armas o recurriendo a la tortura, que
nada tienen que ver con el espíritu de Mandela. ¿Podemos
afirmar que nos inspiramos en su ejemplo y en su negativa a
excluir a los enemigos de la humanidad cuando los sucesi-
vos gobiernos estadounidenses deciden encerrar a sus enemigos reales o supuestos en campos de prisioneros como el
de Guantánamo; atacar con drones países lejanos, sospechosos y culpables indistintamente, y alcanzar también a las
personas que por casualidad están a su alrededor; someter
a escuchas a la población de su país, así como a los responsables políticos y económicos de países aliados? La virtud
moral de Mandela no permite tal abismo entre palabras y
actos.

Pero ¿en qué consiste exactamente la lección de Mandela? Sabemos que luchó ferozmente contra el apartheid del
que era víctima la población negra de su país, pero ni mucho
menos era el único. Sabemos también que pasó mucho tiempo en la cárcel, pero evidentemente no es ésta la parte de su
biografía que puede servir de ejemplo a los políticos de otros
países. Por lo tanto, debemos observar algo más de cerca el
itinerario de este insumiso excepcional.

A finales de los años ochenta, el régimen de apartheid en Sudáfrica está en una situación desesperada. Sus dirigentes han entendido que la condena casi universal de que son objeto (es la única posición en la que el oeste «capitalista» y el este «socialista» pueden ponerse de acuerdo) convierte en problemática la propia supervivencia de su Estado. Se dicen que deben soltar lastre y enmendar su legislación, pero temen que la mayoría negra, que se ha hecho fuerte tras décadas de humillaciones y de injusticias, caiga en la tentación de hacerles pagar las afrentas sufridas y les castigue por lo que ha tenido que soportar. Temen que el inevitable resentimiento se convierta en venganza sangrienta, de modo que deciden intentar una jugada: liberar a Mandela de la cárcel. Lo convertirían así en su interlocutor en las conversaciones que deberían iniciarse. Sin embargo, no están seguros de no conseguir un resultado inverso. ¿Y si Mandela encabezara una campaña de persecución a los que tanto hicieron sufrir a los suyos? Pero sus opciones son limitadas, y ninguna otra persona dispondría de autoridad para impedir una oleada de represalias.

Mandela sale de la cárcel el 11 de febrero de 1990, a los setenta y dos años de edad. Ha estado encarcelado desde el 5 de agosto de 1962, es decir, veintisiete años, seis meses y seis días. Esa misma noche se dirige a la multitud en términos bastante generosos. Todavía no podemos adivinar cuál es su estado de ánimo. A la mañana siguiente, 12 de febrero, ofrece su primera rueda de prensa. Unos doscientos periodistas, entre ellos varias figuras internacionales de los medios de comunicación, se presentan en el césped de la casa de otro famoso enemigo del apartheid, el arzobispo Desmond Tutu, donde tiene lugar el encuentro. Están preparados para captar cada una de las palabras que va a decir el exprisionero más famoso del mundo.

Mandela empieza su presentación con una figura puramente estratégica, un *captatio benevolentiae*: halaga a los representantes de la prensa asegurándoles que gracias a ellos el mundo no lo ha olvidado durante los largos años que ha pasado en la cárcel. En definitiva, les propone que se con-

viertan en lo que finge que siempre han sido. Es especialmente atento con los periodistas sudafricanos de los medios
de comunicación oficiales, que sin embargo nunca han sido
amables con él. Por lo demás, aunque la opinión pública de
los países occidentales defiende su causa, los gobernantes
europeos y estadounidenses han sido durante muchos años
aliados fieles del régimen de apartheid.

Mandela lo sabe perfectamente, pero en este momento
actúa como un político hábil que se preocupa más de que
sus palabras sean eficaces que de que sean veraces. A continuación recuerda los principales elementos del programa
del ANC: su objetivo es hacer abolir el apartheid, instaurar
el principio de igualdad ante la ley para todos los ciudadanos del país, y por lo tanto el sufragio universal sin discriminaciones raciales. Recuerda también otro de sus postulados:
mientras su organización, el ANC, siga sufriendo violentas
represiones por parte del gobierno, tampoco ella renunciará
al uso de la fuerza. Estas palabras de militante ortodoxo
tranquilizan a afiliados y partidarios del ANC, que, por primera vez desde hace treinta años, escuchan (desde lejos) las
palabras de su viejo jefe, pero no están en condiciones de
calmar los temores de la minoría blanca del país.

Pero poco después llegan algunas sorpresas. En primer lugar, Mandela recuerda que el programa del ANC defiende simultáneamente dos principios: la igualdad para los sudafricanos negros y la seguridad para los sudafricanos blancos. La
nueva forma de Estado debe ser adecuada para todos, no sólo
para la mayoría. Dice entender las inquietudes de la minoría
y afirma que los afrikáneres blancos no son menos africanos
que los negros. Incluso añade, hablando de los afrikáneres:
«Valoramos en su justa medida su aportación al desarrollo de
este país». Al hacerlo, sale del esquema que suele utilizar el
ANC, que habla de colonizadores y colonizados, no de dos
grupos de ciudadanos con pretensiones igualmente legítimas.
Se alza por encima de los odios y los miedos, y se sitúa al margen de esta eterna espiral de violencia. El cambio es aún más
evidente en su siguiente respuesta, cuando deja de hablar en

nombre del ANC y lo hace en nombre propio. Le preguntan qué es lo que más le ha marcado en los años que ha pasado en la cárcel, y decide comentar sólo la parte positiva, probablemente muy limitada, de su experiencia carcelaria. «En la cárcel he conocido a hombres [habla de los vigilantes, no de los prisioneros] que han dado muestras de bondad, en el sentido de que han entendido nuestro punto de vista [...] Es el mejor antídoto contra el resentimiento.»[1]

En su autobiografía, *El largo camino hacia la libertad*, escrita unos años después (en 1993), Mandela recuerda así su estado de ánimo durante esta rueda de prensa: «En la cárcel, mi rabia contra los blancos se apaciguó, pero mi odio al sistema se intensificó. Quería que Sudáfrica viera que amaba incluso a mis enemigos, pero a la vez odiaba el sistema que había dado origen a nuestro enfrentamiento». Así, al parecer en la cárcel descubrió la necesidad (y la capacidad) de separar categóricamente el sistema político de las personas que lo representan, hasta el punto de poder odiar el uno y amar a las otras. Quizá el vocabulario cristiano al que aquí recurre va más allá de su pensamiento y habría bastado con decir que considera a sus antiguos enemigos tan humanos como él mismo. Su posición recuerda a la de un adversario de otro sistema político odiable, el escritor soviético Vasili Grossman, que, para describir la actitud adecuada frente al régimen, cita las palabras de un «cristiano de Siria que vive en el siglo VI: "condena el pecado y perdona al pecador"».[2]

1. Cito los escritos de Mandela o los que hablan sobre él recurriendo a las siguientes abreviaturas: *CMM* = Nelson Mandela, *Conversations avec moi-même*, La Martinière, 2010 [Trad. esp.: *Conversaciones conmigo mismo*, Barcelona, La Vanguardia, 2013]; *LCL* = N. Mandela, *Un long chemin vers la liberté*, Fayard, 1995, Le Livre de Poche, 2013 [Trad. esp.: *El largo camino hacia la libertad*, Barcelona, Aguilar, 2010]; *PE* = John Carlin, *Playing the Enemy*, Nueva York, Penguin, 2008 y Londres, Atlantic Books, 2009; *SM* = John Carlin, *Le Sourire de Mandela*, Seuil, 2013. Aquí, *LCL*, p. 685; *SM*, p. 47.
2. LCL, p. 684; Vassili Grossman, *Vie et Destin*, t. I, 4, en *OEuvres*, *op. cit.*, p. 12. [*Vida y destino*, ed. cit., p. 25.]

Mandela en ningún caso ha olvidado las experiencias humillantes que ha sufrido en la cárcel, ni las persecuciones que cayeron sobre su familia durante este tiempo. Sólo menciona sus experiencias carcelarias positivas porque actúa como un político que decide decir lo que le parece más útil. Sin embargo, esta vez habla de verdad, aunque la verdad sea parcial. De sus palabras emana una fuerza de convicción que conquista instantáneamente a su público y que tiene su origen en esta verdad. No finge, es más que sincero, es la prueba viviente de que es posible separar el sistema de las personas que lo representan, odiar uno y amar a las otras. Las frases que dice sorprenden e incluso contrarían a sus compañeros de lucha y de destino, todos víctimas del apartheid, pero el itinerario de Mandela las hace irrefutables. Si él, que ha pasado en la cárcel más tiempo que los demás y cuya familia ha sufrido más violencias que las demás, puede hacer el gesto de aceptar a los antiguos enemigos, nadie puede replicarle que su benevolencia se explica por el hecho de que ha sufrido menos. Mandela ilustra aquí, por primera vez públicamente, una actitud nueva para él y rara en los anales del activismo, que consiste en resistir sin odio y en fraternizar con el antiguo enemigo.

PRELIMINARES Y CONSECUENCIAS (1985-1999)

En realidad, las posiciones que defiende Mandela en su primera rueda de prensa no sorprenden del todo a sus interlocutores del gobierno sudafricano, que llevan más de cuatro años negociando con él. El cambio de actitud del gobierno probablemente tiene que ver con otro acontecimiento de la época: en marzo de 1985, tras tomar el poder de la URSS, Mijaíl Gorbachov ha dado tal giro a la política soviética que cuesta percibir el comunismo como una amenaza de primer orden en la escena mundial. Los partidarios del apartheid lo han presentado como la muralla indispensable contra la invasión comunista en África, y por esta razón los gobiernos occidentales, involucrados en la guerra fría contra la URSS, han apoyado a Sudáfrica durante mucho tiempo. Si el comunismo ya no es una amenaza, si acaba la guerra fría, ¿cómo justificar el apoyo a un Estado racista? Así, desde 1985, en varios responsables políticos sudafricanos germina la idea de que se impone una evolución del régimen y de que para ello es preciso negociar con el ANC, en concreto con su jefe encarcelado. Sin embargo, la negativa a tomar parte en conversaciones con una «organización terrorista» es uno de los principios que proclama el gobierno. Se impone pues la mayor discreción. Los responsables en cuestión deciden aprovechar una ocasión: Mandela debe someterse a una operación de próstata. Al final de su estancia en el hospital, en noviembre del mismo año, no lo devolverán a la celda que compartía con sus compañeros de lucha condenados a la misma pena que él, sino que lo aislarán en un espacio diferente. Así podrán iniciarse las negociaciones con total discreción.

Y resulta que Mandela lleva mucho tiempo esperando este momento. No le cuesta entender el apuro del gobierno, que aún no puede renegar de sí mismo públicamente, y acepta de buen grado el cambio que le imponen. Por lo demás, su preocupación es comparable con la del gobierno, y por eso necesita también discreción. Los grupos son siempre más radicales que los individuos, ya que la mirada de los demás empuja a no ceder. El aislamiento libera a Mandela de esa mirada. Como en el caso de Tillion, su primera lealtad es con la humanidad, no con el grupo del que forma parte. Duda que sus compañeros le sigan de inmediato en el camino de las negociaciones, porque sus declaraciones son tan intransigentes como las del gobierno sudafricano: jamás iniciarán conversaciones con ese Estado racista. Como dirá unos años después: «Si les hubiera dicho que quería negociar, la tarea habría sido imposible. Habrían rechazado toda conversación. Por lo tanto, decidí iniciar las negociaciones sin decírselo, y después colocarlos

ante el hecho consumado».¹ Sus compañeros querían protestar por su aislamiento, pero los disuade con la excusa de
que su nueva celda es más cómoda.

Mandela empieza pues a reunirse en secreto con el ministro de Justicia, Kobie Coetsee, y con el jefe del servicio secreto, Niel Barnard. Las condiciones de su reclusión mejoran,
pero las conversaciones avanzan lentamente. Habrá que
esperar a otro accidente médico para que se produzca el clic.
En enero de 1989 (han pasado tres años de labores de acerca-
miento), el primer ministro, Pieter Botha, sufre una conges-
tión cerebral. Se recupera, pero entiende que en breve deberá
dejar el poder. Le gustaría entrar en la historia como la persona que cambió el destino de su país. Propone públicamente
liberar a Mandela y a los demás dirigentes encarcelados del
ANC a condición de que rechacen solemnemente recurrir a
la violencia. Mandela rechaza la oferta mediante una declaración también pública. La privación de libertad no se limita
a la cárcel, es consecuencia del régimen de apartheid. Mientras este régimen no se ponga en cuestión, es imposible el
acuerdo entre las dos partes. En marzo de 1989 Mandela
envía una carta a Botha en la que concreta los dos puntos
fundamentales de su programa, a discutir en toda negocia-
ción: «En primer lugar, formar un gobierno de la mayoría en
un Estado unitario; en segundo lugar […] garantías estructurales de que el gobierno de la mayoría no significará que la
mayoría negra domine a la minoría blanca».²

En julio de 1989 Botha invita a Mandela a su casa. Lo que
de entrada choca a Mandela no son los discursos políticos,
sino los gestos del individuo: Botha, muy sonriente, corre a
estrecharle la mano, y luego él mismo le sirve el té. «Desde el
primer instante me desarmó totalmente. Se mostró extrema-
damente educado, deferente y amigable.»³ A su vez, Mandela
da muestras de sensibilidad con su interlocutor, le habla sobre

1. *CMM*, p. 270.
2. *LCL*, pp. 659-660.
3. *LCL*, p. 664.

todo de la cultura y de la historia de los afrikáneres, menciona la época en la que luchaban por su libertad y compara este episodio con la actual lucha de los negros. En agosto del mismo año, Botha dimite de su puesto y es sustituido por Frederik de Klerk. En octubre liberan a todos los prisioneros políticos del ANC. En diciembre (entretanto cae el muro de Berlín) Mandela se reúne con De Klerk y le da la impresión de que es un hombre con el que se puede trabajar. Se le pasa por la cabeza compararlo con Gorbachov (aunque en el entorno del presidente soviético no hay ningún Mandela). Así, durante estos cuatro largos años, Mandela frecuenta a las bestias negras del ANC, Coetsee y Barnard, Botha y De Klerk, y se familiariza con ellos, como ellos con él. Estos últimos descubren, no sólo en palabras, sino también en actos, a un hombre que los respeta aunque no esté de acuerdo con ellos, que no tiene previsto vengarse y que no pretende lanzarlos al mar, como proclaman los eslóganes de algunos grupos radicales. A raíz de todo este proceso se produce la liberación de Mandela, en febrero de 1990.

La abolición del apartheid exigirá aún algo más de cuatro años, un largo camino lleno de trampas, a lo largo del cual Mandela dará muestras de sensatez moral y política, de «moderación». Está convencido de que la inmensa mayoría de la población aspira ante todo a la paz y a la seguridad, y que la guerra civil sería un desastre que es preciso evitar a toda costa. Rechaza la lógica de los que justifican su violencia con la violencia anterior de los enemigos, en una escalada sin fin. Se niega a convertirse en uno de los «enemigos complementarios» de los que había hablado Tillion respecto de la guerra de Argelia. Los adversarios de Mandela son los irreductibles de cada bando, que rechazan todo compromiso y prefieren la victoria de sus convicciones a la paz. Y las explosiones de violencia que provocan no son desdeñables: entre 1990 y 1994 se derramará más sangre que en las cinco décadas anteriores, de 1940 a 1990; sólo en la zona de Johannesburgo habrá en estos cuatro años más de diez mil víctimas.

Mandela tendrá pues que intervenir ante dos grupos de ideas opuestas. Por una parte, debe refrenar el deseo de venganza de los militantes del ANC, que siguen siendo blanco de violentos ataques. Uno de ellos procede de los extremistas zulús, una etnia sudafricana, cuyo jefe, Buthelezi, teme que la ascensión de Mandela le prive de su poder. De repente anima a sus hombres a maltratar a los partidarios del ANC. Los servicios de seguridad del gobierno blanco hacen otro tanto, ya que no todos sus miembros siguen la política oficial de compromiso y se alegran de ver que las diferentes etnias negras se matan entre ellas. El ANC dispone ahora de fuerzas suficientes para responder a las agresiones de los zulús, pero es precisamente la trampa que Mandela quisiera evitar. Coloca en la balanza su autoridad para evitar que se responda a la fuerza con la fuerza y decide convencer a sus enemigos, no eliminarlos.

En abril de 1993 tiene lugar otro acontecimiento susceptible de provocar la ira y la violencia de los militantes del ANC: uno de sus dirigentes más populares, Chris Hani, es asesinado por un extremista blanco, un anticomunista de origen polaco (que quizá vengaba las humillaciones que le había infligido el poder comunista en su país de origen). Mandela siente enseguida el peligro. Este asesinato es una provocación, su objetivo es precisamente causar una explosión de violencia generalizada, y por lo tanto torpedear el proceso de democratización. Interviene de inmediato y encuentra las palabras que permiten contener la rabia de los militantes. Expresa ante todo el amor fraternal que sentía por Hani y la inmensa pena que le golpea, y recuerda oportunamente que aunque el asesino era blanco, el testigo que permitió que lo detuvieran era también una mujer blanca. Pide pues a sus compañeros que renuncien a toda represalia: «Los que se dejan llevar por actos de este tipo sólo sirven a los intereses de los asesinos».[1]

Cuando los actos de los militantes del ANC merecen ser condenados, Mandela no duda en hacerlo. El ANC sospecha

1. *CMM*, p. 366.

que un grupo de personas ha colaborado con el poder blanco y las detiene. Estas personas denuncian las condiciones de su detención. Mandela ataja las negativas de los responsables y declara: «Durante la mayor parte de los años ochenta, la tortura, los malos tratos y las humillaciones eran moneda corriente en el bando del ANC». Ha entendido que una causa, por noble que sea, no legitima los actos innobles, y que la guerra tiene su propia lógica, en la que se devuelve golpe por golpe y en la que los enemigos empiezan a parecerse.

Por otra parte, Mandela debe desbaratar las tentativas de complot por parte de los extremistas blancos. Poco tiempo después de la muerte de Hani, los irreductibles defensores del apartheid unen sus fuerzas. Son varias decenas de miles de hombres, bien armados, bien entrenados y dispuestos a todo para impedir que llegue la democracia. Los encabeza un general respetado, Constand Viljoen. Su proyecto es conseguir que se reparta el país y que se cree un Estado para los bóeres, un «Israel para los afrikáneres».[1] Mandela ve el peligro y decide intervenir. Pero no reúne un ejército más numeroso aún, sino que pide al general que se vean con una taza de té. La entrevista tiene lugar en septiembre de 1993, cuando sólo quedan nueve meses para el día del sufragio universal. Cuando Viljoen y los generales que lo acompañan llaman a la puerta, no se esperan que les abra el dueño de la casa en persona, que los recibe muy sonriente. Enseguida les sirve el té, y les echa él mismo la leche y el azúcar. Viljoen se queda conmovido, pero se mantiene firme y le comunica que sus tropas están armándose. La guerra civil amenaza al país.

Mandela cuenta unos años después: «Yo estaba conmocionado, pero fingí confiar absolutamente en la victoria del movimiento de liberación».[2] Ofrece al general dos argumentos. En primer lugar, aunque la batalla sea dura y las vícti-

1. *PE*, p. 124.
2. *CMM*, p. 382.

mas numerosas, la superioridad numérica de la población negra es tal que conseguirá la victoria final, y el perdedor de esta guerra sería sobre todo el país. En segundo lugar, recuerda que su causa es justa, como el propio general no puede dejar de observar y como atestigua el apoyo unánime de los países del mundo. Pero Mandela no se limita a estas objeciones de fondo. Cuenta también a sus invitados las conclusiones que ha sacado de la historia de los afrikáneres, y la admiración que siente por algunos rasgos de su carácter. No es seguro que Mandela fuera del todo sincero al decir esto (más bien adoptó en este caso el lema del rey Enrique IV, para quien «París bien vale una misa»), pero su actitud general está impregnada de respeto, y además se expresa en la lengua de sus interlocutores, que domina perfectamente. Todo ello le hace ganarse la adhesión del general, que acaba abandonando la idea de la confrontación militar.

Mandela será elegido presidente de Sudáfrica el 9 de mayo de 1994. Durante su único mandato, sigue centrando sus esfuerzos en reunificar las poblaciones antes opuestas de su país. Uno de sus primeros gestos importantes es crear la Comisión para la Verdad y la Reconciliación, presidida por Desmond Tutu, cuyo objetivo es saldar las querellas del pasado. En lugar de juzgar a los culpables de delitos racistas, la Comisión les propone una alternativa: admitir públicamente su culpa y expresar su arrepentimiento a las víctimas que han sufrido sus actos, para gozar después de impunidad; o bien rebatir su culpabilidad ante los tribunales, a riesgo de verse condenado a una pena de cárcel. Las labores de la Comisión no satisfacen a todo el mundo, pero es indiscutible que, al optar por la paz y por la reconciliación en detrimento de los rigores legales, permiten escapar al proceso de represalias y contrarrepresalias, efecto inherente a las decisiones de toda justicia política que declara criminal lo que no lo era durante el régimen anterior.

Otros gestos van en el mismo sentido: Mandela no suprime el antiguo himno nacional, el de los bóeres, sino que se limita a añadirle el del ANC. Asimismo, una vez elegido, no aplasta a sus antiguos adversarios. Nombra ministro al jefe zulú, Buthelezi. Por último, en junio de 1995 se implica activamente en la defensa del rugby, deporte enormemente popular entre la población blanca masculina, pero que la mayoría negra odia. Mandela, que ha observado cómo se desatan las pasiones en otras pruebas deportivas, decide aprovecharlo para consolidar la unidad del nuevo país. Consigue convencer a sus conciudadanos negros de que se sientan orgullosos de las victorias del equipo sudafricano (que es íntegramente blanco) y de sus seguidores blancos, y él mismo es el seguidor más entusiasta. Mandela da así el –raro– ejemplo de un hombre que ejerce el poder con sensatez y bondad.

En cuanto puede, reitera los principios generales que rigen su actividad pública durante estos años decisivos de la conquista del poder y de su ejercicio inicial (1985-1999). El primero es el postulado político: sea cual sea vuestro nivel de adhesión a una causa, debéis renunciar a todo maniqueísmo y admitir que el adversario no puede ser del todo malo, y vosotros los únicos buenos. En 1996, al enterarse de las confrontaciones que se suceden en Irlanda, anota en su cuaderno: «No tardamos en llegar al punto en el que ninguna de las dos partes está totalmente equivocada o tiene toda la razón». En 2000, para ayudar a superar una crisis en Burundi, escribe: «Los acuerdos son indispensables para dirigir un país, y llegamos a acuerdos con los adversarios, no con los amigos [...] El acuerdo es la única alternativa para el que realmente desea la paz y la estabilidad». El segundo principio es una hipótesis antropológica, y por lo tanto también una justificación del primero: «Hay hombres y mujeres de buena voluntad en todas las comunidades»,[1] y podríamos añadir que algo bueno en todo individuo. La conclusión práctica que saca Mandela es dirigirse a esta parte mejor de cada uno y asegurarle su condición, de modo que, aunque en un principio sólo sea potencial, se convierta en real progresivamente.

1. *CMM*, pp. 395, 434-435.

En concreto, la manera de proceder consiste en iniciar una relación directa, verbal y no verbal, con el adversario, poner en práctica lo que Tillion llamaba «política de la conversación». Y se produce el milagro. Sus interlocutores acaban apreciando a Mandela, y sus antiguos adversarios lo siguen, porque les da la impresión de que los ha hecho mejores. La propia distinción entre amigos y enemigos (políticos) empieza entonces a desdibujarse. A este respecto, Tillion y Mandela se comportan como discípulos de Abraham Lincoln, uno de cuyos preceptos es: «La mejor manera de eliminar a un enemigo es convertirlo en amigo».[1] Virtud moral y habilidad política son inseparables en Mandela. Convierte lo que sólo podía ser una cualidad secreta y singular –el respeto a todo ser humano y la capacidad de reconocer la parte de humanidad en todos ellos– en un principio de acción pública. Pasa de la moral a la política, y viceversa, con tanta comodidad que ya no sabemos dónde está la frontera entre ambas. Cada una de ellas es fin y medio a la vez, pensamiento y vida.

ANTES DE LA CÁRCEL (1944-1962)

Las posiciones que asume Mandela a lo largo de las negociaciones y después de su victoria electoral no siempre han sido las suyas. Lo que no cambia es su compromiso inicial, su decisión de no aceptar la desigualdad institucional y de no volver a doblar el esquinazo para evitarse molestias con los poderosos, en otras palabras, practicar la insumisión y entrar en la resistencia. Pero las formas de su compromiso varían. Durante los años en que era militante en libertad, desde el final de la Segunda Guerra Mundial hasta su encarcelamiento, había adoptado una actitud diferente. En el momento en que escribe su autobiografía, él mismo se juzga con bastante seve-

---

1. Abraham Lincoln, citado por Frans de Waal, *Le Bonobo, Dieu et nous*, Les Liens qui libèrent, 2013, p. 82.

ridad y se describe como un joven que quiere ante todo imponerse a sus interlocutores y arrastrarlos a su terreno, en lugar de intentar dar una descripción exacta del mundo que lo rodea y sacar las conclusiones más adecuadas. La victoria le importa más que la verdad. «Era muy radical, mis discursos eran muy virulentos, y en ellos golpeaba a todo el mundo [...] En mi juventud combiné la debilidad con la falta de discernimiento de un chico de campo [...] Me apoyaba en la arrogancia para disimular mis lagunas».[1] No sólo no se preocupaba de describir a sus enemigos con matices, sino que estaba dispuesto a tratar duramente a sus compañeros de lucha a poco que no estuvieran de acuerdo con él.

Al principio le gustaba exaltar a la multitud, pero más adelante considerará este comportamiento inmaduro, incluso indigno. En una carta a su mujer, Winnie, escrita en la cárcel en 1970, describe ya con reservas su primera forma de compromiso. Era un joven que «grita desde las tarimas únicamente para soltar informaciones parciales mal digeridas que ha acumulado en la cabeza [...] [En sus primeros discursos] la necesidad de impresionar y de hacer ruido es flagrante».[2] En esa misma época está orgulloso de ascender en la jerarquía del ANC, y la satisfacción personal que le proporciona su activismo es más importante que las preocupaciones de utilidad política.

Durante este periodo, Mandela se preocupa menos del objetivo final de su lucha, derribar el apartheid, que de la manera en que se lleva a cabo la lucha. El medio es para él más importante que el fin. Piensa entonces que «el ANC sólo debía participar en las campañas que dirigía. Lo que me interesaba era quién se beneficiaba, no si la campaña tenía éxito». Por eso es hostil a que otros grupos participen en la misma lucha, incluso cuando los objetivos que se pretenden coinciden, como el Partido Comunista sudafricano o agrupaciones de indios y de mestizos. La identidad racial está

1. *CMM*, pp. 352, 442.
2. *CMM*, p. 51.

por encima del objetivo ideológico. «Estaba muy enfadado con los blancos, no con el racismo.»[1] Es un nacionalista que cree en las razas, que quiere África para los africanos (negros) y que se niega a que personas que no son negras entren en el ANC. Más adelante la organización rechazará esta opción, que será adoptada por otros movimientos de resistencia más radicales.

La relación de Mandela con la violencia pasa por varios estadios. En un primer momento, el ANC defiende la no violencia por principio. Mandela acepta la decisión, aunque considera que viene impuesta por el contexto, no por postulados abstractos. «La elección de utilizar métodos pacíficos o violentos está totalmente determinada por las condiciones.» Para apoyar sus ideas cita un precedente sorprendente: en los Evangelios, para expulsar a los mercaderes del templo, «Cristo utilizó la fuerza, porque en esta situación es el único lenguaje que podía utilizar».[2] Vemos que en esta época las referencias de Mandela son eclécticas. Admira a Roosevelt, Churchill, Stalin (los vencedores de la Segunda Guerra Mundial) y Gandhi, pero dice que preferiría a Nehru que a Gandhi. En ocasiones se compara a Mandela con Gandhi, pero varias opciones los separan: Gandhi no sólo defiende sistemáticamente la no violencia, sino que practica también un ascetismo –y una intolerancia frente a aquellos que no están de acuerdo– totalmente ajenos a Mandela.

En 1952 Mandela considera que ha llegado el momento de llevar a cabo acciones colectivas más violentas, aunque ésta todavía no pasa a ser la doctrina del ANC. Mandela justifica su cambio de idea señalando los métodos que utiliza el enemigo para reprimir sus actividades, y asume explícitamente la similitud de las dos actitudes. «Sólo podemos luchar contra el fuego con fuego.» «No podemos evitar que nos ataque un animal salvaje sólo con las manos.» Pero ¿qué violencia no se justifica con una violencia anterior? La

1. *LCL*, pp. 136, 139.
2. *CMM*, p. 92.

idea de que civiles no implicados en la lucha podrían morir en la represión que respondería a los atentados no lo detiene. «Debemos tener el valor de aceptar que habrá represalias contra la población.» «Los accidentes de este tipo [la muerte de civiles en los atentados] eran consecuencias inevitables de la decisión de emprender la lucha armada.»[1] Hay que decir que, en lo que a él respecta, Mandela hace ya mucho tiempo que ha aceptado la posibilidad de morir. En 1955 el ANC envía emisarios al extranjero, a China y a otros países, para conseguir armas. Los comunistas chinos alientan su lucha, pero no les conceden ninguna ayuda material. Durante este tiempo, Mandela refuerza su formación teórica en la guerrilla, lee a Clausewitz, Mao («la revolución china es una obra maestra, una verdad») y Che Guevara, y estudia los movimientos revolucionarios en Argelia, en Etiopía, en Kenia y en Israel (lee a Menájem Beguín). En 1961 el ANC decide adoptar la lucha violenta, aunque mantiene sus estatutos, que lo inscriben en favor de la no violencia. Para superar la contradicción se crea una nueva organización, una especie de filial del ANC llamada «La punta de lanza de la nación», que presidirá Mandela. «Mi discurso logró convencer de que en Sudáfrica los que luchaban por la libertad no tenían otra opción que tomar las armas.»[2] Poco después, para conseguir ayuda material, Mandela sale de gira por países amigos que apoyan la lucha contra el apartheid. Realiza un entrenamiento militar en Etiopía. De regreso a su país, adopta de buen grado el uniforme de los guerrilleros cubanos, y tiene siempre en mente el ejemplo de Castro y del Che Guevara. La lucha armada no se ha convertido para él en más obligatoria que lo era antes la no violencia, sino que, en su opinión, es sencillamente lo que más conviene en el estadio de la lucha en ese momento.

Es pues un guerrero potencial al que la policía sudafricana detiene el 5 de agosto de 1962 (aunque no lo sabe, sólo lo

1. *LCL*, pp. 203, 327; *CMM*, p. 113; *LCL*, p. 624.
2. *CMM*, p. 117; *LCL*, p. 357.

persiguen por haber salido ilegalmente del país). Empieza el largo camino en la cárcel de Mandela.

Sin embargo, si nos limitamos al itinerario militante de Mandela, el retrato que acabo de hacer sería demasiado parcial y no se entendería el cambio que se operará en él. Otros hechos que datan de la primera parte de su vida permiten entrever otros aspectos de su personalidad. Mandela ha evolucionado antes de entrar en la cárcel respecto de varios temas mencionados anteriormente. Así, ha renunciado a su ideal inicial de nacionalista africano y de defensor de la raza negra. Sudáfrica debe pasar de ser una sociedad multirracial, como es en ese momento, a ser una sociedad no racial (no la patria sólo de los negros). Acepta también que los blancos participen en la lucha contra el apartheid, lo que le permite calmar sus relaciones con los miembros del Partido Comunista. El ANC y el Partido Comunista luchan juntos contra el régimen racista, pero sus objetivos a largo plazo divergen. Los comunistas interpretan todo en términos de lucha de clases y critican las instituciones «burguesas», como el Parlamento. En cuanto a Mandela, para él el Parlamento británico y el Congreso estadounidense son encarnaciones casi perfectas de su ideal democrático, y es un defensor convencido de la propiedad privada. Los valores a los que apela para oponerse al apartheid son universales: democracia, igualdad, justicia, civilización y paz.

Otra faceta de la personalidad de Mandela prepara también la evolución de sus ideas. Es más moral que política. Recordemos que nace en una familia que forma parte de los linajes tradicionales llamados «reales», lo que significa entre otras cosas que interioriza cierto sentido del deber y del honor. Cierto respeto a sí mismo le ha venido de su entorno y de su educación, y parece que facilita que se preocupe por el bien de los que le rodean. De entrada, Mandela busca solución no a sus propios problemas, sino a los del grupo del que siente que forma parte. La muerte de su padre, cuando todavía es muy joven, refuerza su sentido de la responsabilidad. Al mismo tiempo descubre que su propia persona es un lugar de diálogo, lo que lo dispone a favorecerlo con los demás. En efecto, debido a su origen familiar, es educado en la tradición. Lo preparan para que forme parte de la «corte», donde podría hacer funciones de consejero. Y como lo mandan a escuelas abiertas por occidentales, no tarda en descubrir sus ventajas, que lo seducen. De modo que cuando su protector, el regente de su tribu, le comunica que le ha elegido una esposa, Mandela decide huir. Se considera ya un individuo que debe encontrar por sí mismo la dirección que tomará su vida. «El corazón me decía que era un thembu, que me habían criado y mandado a la escuela para que desempeñara un papel concreto en la continuidad de la monarquía [...] Pero la cabeza me decía que todo hombre tenía derecho a organizar su futuro como le pareciera oportuno y a elegir su vida.»[1] Ha crecido con una doble influencia cultural, lo que ha hecho de él una persona doble, campesino y urbanita a la vez, tradicional y moderno, inmerso en la cultura de los negros y en la de los blancos. Vemos ahí el origen del papel de mediador que en adelante adoptará con frecuencia. Le gusta creer que los desacuerdos siempre proceden de malentendidos que pueden disiparse, y que por lo tanto no hay discrepancia insuperable.

Sin duda también debe al medio en el que crece otra lección que no tarda en interiorizar: «Cuando era niño, aprendí a vencer a mis adversarios sin deshonrarlos».[2] En las sociedades africanas, como en muchas otras, los individuos se preocupan no sólo de no sufrir una derrota, sino además, y quizá sobre todo, de no perder el prestigio y de conservar la estima de los demás miembros de la comunidad. Como él mismo ha sufrido humillaciones y ha sentido empatía por los demás, decide hacer cualquier cosa para evitarles el mal trago. Su autobiografía contiene muchos episodios que dan testimonio de ello. En una controversia, lo mejor es no adoptar un papel moralmente superior y privar de él a tu interlocutor. Para ven-

1. *LCL*, p. 107.
2. *LCL*, p. 16.

cer en una discusión no es necesario desvalorizar al otro. En una conversación siempre hay que estar dispuesto a hacer concesiones. Hay que tener en cuenta también a los demás. Si hay que arrastrar al otro en una acción común, y se pretende que la colaboración sea duradera, es preferible conseguir su consentimiento a su sumisión. El intercambio personal, protegido de la mirada de terceros, permite a todo el mundo ceder una parte de sus exigencias sin por ello sentirse humillado. Siempre hay que tener en cuenta el orgullo y el sentido del honor del adversario. Estas preferencias y exigencias, en conjunto, hacen más eficaz la acción política, y además remiten en sí mismas a una actitud moral que consiste en reconocer la plena humanidad del otro, y por lo tanto también la reciprocidad de la relación que nos une: debo poder colocarme en su lugar, y él en la mía. El respeto al otro está en la base de la actitud de Mandela.

A esto se añade una exigencia consigo mismo, que tiene que ver no con el miedo a perder el prestigio, sino con su propia mirada interior (o la de un dios omnisciente): es preciso mantener la dignidad en toda circunstancia, incluso cuando no hay testigos, y comportarse de acuerdo con las normas que se defienden en público. Mandela cuenta un episodio que le impacta durante su entrenamiento guerrero en Etiopía. El coronel que dirige la enseñanza de la ciencia militar describe un día ante él las características de un ejército de liberación: en la acción son indispensables la autoridad y la sumisión, pero «cuando no se está de servicio, se debe actuar partiendo de la base de que todos somos iguales, incluso con el soldado de menos graduación». Mandela comenta: «Todo esto me parecía admirable y sensato, pero, mientras me hablaba, un sargento entró en la sala y preguntó al coronel dónde podía encontrar a un teniente. El coronel lo miró sin disimular su desprecio y le contestó: "¿No ves que estoy hablando con alguien importante? […] ¡Venga, fuera de mi vista!". Y siguió con su tono didáctico».[1] El mero hecho de que Mandela co-

1. *LCL*, p. 369.

mente esta escena es elocuente. Debe preservarse la coheren-
cia entre teoría y práctica, entre los principios y su aplicación,
no por temor a la mirada de los demás (para no perder el
prestigio), sino para abolir la distancia entre decir y hacer, y
salvaguardar así la autoestima y los principios que queremos
seguir defendiendo.
   Estas opciones morales preparan la conversión que vivirá Mandela en la cárcel.

LA CONVERSIÓN (1962-1985)

La detención de Mandela, en 1962, le supone una condena
a cinco años de cárcel. Pero al año siguiente la policía descubre la granja en la que se reúne la rama militar del ANC,
detiene a toda la dirección y se apodera de gran cantidad de
documentos que demuestran que Mandela encabeza la
«Punta de lanza de la nación». A consecuencia de ello, se
celebra otro juicio, y los acusados son condenados a cadena
perpetua y enviados a la cárcel de Robben Island. Las condiciones de reclusión son duras, y el comportamiento de los
vigilantes suele ser lamentable. Sus intervenciones se suman
a un reglamento que ya es de por sí severo. Mandela recuerda especialmente a un vigilante al que habían trasladado allí
porque tenía ya fama de bruto. «Un día estaba al lado de la
mesa en la que servíamos la comida, le entraron ganas de
orinar y lo hizo allí mismo. Aunque no encima de la mesa,
sino en la pata.»[1] Este tipo de humillaciones son cotidianas.
   Pero eso no quiere decir que sean la norma absoluta, ya
que algunos vigilantes se muestran comprensivos y toleran-
tes. Por lo demás, el vigilante diligente que pretende humillar a los prisioneros es el sustituto de otro al que llamaban
«el Tranquilo», porque era muy educado con ellos. Mandela constata: «La mayoría de ellos eran hostiles a nuestras
aspiraciones y consideraban a los prisioneros negros hom-

---

1. *CMM*, p. 158.

bres de segunda. Su actitud con nosotros era ferozmente racista, cruel y grosera. Sin embargo, había excepciones [...]
Desde el principio hubo vigilantes que pensaban que debían
tratarnos correctamente [...] Y algunos de ellos eran de verdad hombres buenos». Algunos dejan tranquilos a los encarcelados, otros conversan con ellos, y otros, al principio
hostiles, acaban siendo benévolos. «Era útil recordar que
todos los hombres, incluso los que parecen más insensibles,
tienen un fondo de honestidad y pueden cambiar si sabemos
llegar a ellos.»¹

Descubrir estos posibles cambios provoca una mutación
en lo que piensa Mandela de su propio proyecto político. El
hecho de que incluso entre sus enemigos declarados pueda
encontrar reacciones de comprensión y de benevolencia le
infunde valor para la lucha que ha decidido llevar a cabo.
«Incluso en los peores momentos en la cárcel, cuando mis
compañeros y yo mismo estábamos al límite, siempre vi un
destello de humanidad en un vigilante, quizá por un segundo, pero bastaba para tranquilizarme y permitirme continuar.» De ahí Mandela saca conclusiones decisivas sobre la
humanidad en general. «Siempre he sabido que en lo más
profundo del corazón del hombre residían la misericordia y
la generosidad.»²

Las condiciones del encarcelamiento lo empujan a llevar a
cabo un trabajo consigo mismo, porque la soledad y la ausencia de variedad en la vida cotidiana lo incitan a la introspección. «La celda es un lugar perfecto para aprender a conocerse y para estudiar a fondo y con detalle cómo funcionan tu
mente y tus emociones», escribe en 1975 a Winnie, como si
quisiera consolarla, porque acaban de encarcelarla también a
ella. «La reclusión tiene al menos la ventaja de ofrecer una
buena ocasión para trabajar sobre tu conducta, corregir lo
malo y desarrollar lo bueno que hay en ti.» Recomienda a
Winnie que dedique parte del día a este ejercicio espiritual, «a

1.	*CMM*, pp. 233, 235; *LCL*, p. 558.
2.	*LCL*, p. 753.

reflexionar regularmente, digamos un cuarto de hora cada día antes de irte a dormir». Gracias a esta práctica, ha descubierto que los éxitos evidentes –llevar a buen término un proyecto, lograr un objetivo– a la larga importan menos que formar cualidades interiores: honestidad, humildad, generosidad y dedicación. En una carta de 1976 describe así su estado de ánimo en la cárcel: «El respeto y el amor no dejan de crecer». Odiar al enemigo no ayuda a vencerlo, sino que destruye tu propia identidad. Mandela adopta una frase que oyó en cierta ocasión: «El resentimiento es como beber veneno y esperar que mate a tus enemigos» (y aquí volvemos a encontrar a Etty: «Nuestro odio feroz a los alemanes vierte veneno en nuestros corazones»).[1] A partir de ahí, aunque en el horizonte no aparece la menor esperanza de liberación a corto plazo, paradójicamente se siente cada vez más libre. «Las armas espirituales pueden ser eficaces [...] Diciéndolo crudamente, detrás de estos gruesos muros están atrapados sólo mi carne y mis huesos [...] Mis pensamientos son tan libres como el vuelo del halcón.» Sus fuerzas se multiplican. «Más allá de los muros de la cárcel, veo las nubes negras alejándose y el cielo azul en el horizonte.»[2]

La primera consecuencia de esta libertad interior es una mirada lúcida sobre la situación en Sudáfrica y sobre la estrategia de lucha del ANC. Obligado a ser despiadadamente sincero consigo mismo, Mandela debe admitir –aunque nunca lo diga con estas palabras– que si la organización se obstina en seguir por el mismo camino, corre el riesgo de fracasar; o si tiene éxito, sería a costa de cientos de miles, incluso de millones de víctimas en ambos bandos. Sudáfrica no es Cuba, para abolir el apartheid no basta con expulsar a un jefe de Estado tiránico y corrupto, hay que doblegar a una población de varios millones de personas, cuyos ancestros se instalaron en esas tierras hace siglos. Pero Mandela piensa que la primera condición para que una acción políti-

1. Véase p. 38 de este libro.
2. *CMM*, pp. 200, 232, 240, 266.

ca tenga éxito es partir de una valoración realista de los datos. No hay que contarse cuentos y, embriagado por el entusiasmo que suscita la lucha, considerar que los deseos son realidades. «Era evidente que la victoria militar representaba un sueño lejano y quizá inaccesible.»[1] Sin embargo, esta constatación inicial en ningún caso lo lleva a la desesperación, porque ahora sabe que hay otro camino. En lugar de luchar contra el enemigo, podemos convencerlo de que ceda pacíficamente a los antiguos parias el poder que detenta. Esta convicción se forja en el contacto con los vigilantes. En un principio se oponen a los recluidos, pero pueden acercarse a ellos, todo depende de cómo se haga. «Cuando les replicas tranquilamente con argumentos, sin levantar la voz, no parece que pongas en cuestión su dignidad y su integridad. Hay que hacerlo de manera que se relajen y entiendan tus argumentos.» La razón que da de su elección es pragmática: «Siempre he intentado comportarme con respeto con los vigilantes de mi sección. La hostilidad estaba destinada al fracaso». Y así actúa con ellos, a fin de cuentas para conseguir considerables mejoras en las condiciones de reclusión, tanto para sí mismo como para sus compañeros. En esta misma línea, en 1976 envía al comisario de prisiones un informe de veintidós páginas en el que pide que cambien el régimen carcelario, no porque su lucha sea justa o sus «delitos» sean inexistentes, sino porque ese régimen contradice las normas de su común humanidad o simplemente las leyes del país. Pese a la oposición entre las ideas del uno y del otro, el carcelero jefe y su ilustre prisionero, Mandela desea «que al final de la batalla, y termine como termine, pueda estrecharle la mano con orgullo, porque tenga la sensación de haber tenido a un adversario digno y recto, que ha observado un código básico de honor y de decencia».[2] Desde 1970, cuando sólo ha pasado unos años en la cárcel, Mandela tiene esta visión del futuro, que acabará ha-

1. *LCL*, p. 632.
2. *CMM*, p. 239; *LCL*, p. 507; *CMM*, p. 223.

ciéndose realidad y que da testimonio de su firme convicción interior en su propio valor y a la vez de su confianza en la común humanidad de los negros y de los blancos africanos. Describe así a Winnie lo que se ha convertido en su nuevo programa: «Siempre habrá hombres de buena voluntad en la tierra, en todos los países, incluso en el nuestro. Un día contaremos con el apoyo sincero e indefectible de un hombre honesto, situado en lo más alto del Estado, que considerará incorrecto no hacer honor a su deber, que consistirá en proteger los derechos y las prerrogativas de sus enemigos más decididos en la batalla de ideas que se juega aquí».[1] Lo que podría considerarse un sueño utópico resultará ser una descripción bastante exacta de lo que sucederá veinte años después. Mandela no pasa por alto los defectos y debilidades de las personas con las que trata, pero decide destacar sus cualidades. Su apuesta será suponer que nuestro respeto al adversario conseguirá que también él nos respete. Si le mostramos un retrato de sí mismo que lo embellece, intentará parecerse a él.

Al proceder así, nunca pierde de vista su objetivo final, liberar a su pueblo de las leyes inicuas. Ha aprendido que la confrontación no es la mejor estrategia posible. «Si eres agresivo, rechazas a las personas y las obligas a luchar contra ti.» Se consiguen mejores resultados confiando en lo mejor que cada uno lleva dentro. «Es bueno partir de la base de que los demás son íntegros y honorables, porque atraes la integridad y el honor si los buscas en las personas con las que trabajas.» Para ilustrar sus palabras, Mandela cuenta una parábola. El sol y el viento discuten sobre cuál de los dos es el más fuerte. Eligen una prueba para decidirlo: tienen que quitarle la manta a un viajero. El viento sopla con todas sus fuerzas, pero el viajero se aferra a la manta y no la suelta. El sol se limita a enviar sus cálidos rayos. El viajero empieza abriendo un poco la manta, y al final la suelta. «Esta parábola significa que, con la paz, podrás convertir a las perso-

1. *CMM*, pp. 201-202.

nas más determinadas, a las más proclives a la violencia.»¹ Mandela actúa así tanto porque considera que esta actitud es más justa y más humana como porque está convencido de que es políticamente más rentable. La transformación moral que ha sufrido se ha convertido en la base de su política y en su mejor arma.

A partir del momento en que en la mente de Mandela se ha producido esta conversión, la cárcel se convierte para él en algo parecido a un terreno de pruebas, un laboratorio en el que puede poner en práctica su nueva visión de la humanidad y perfeccionar su manejo. Poco después de su condena a cadena perpetua inicia una actividad que sorprende a sus compañeros de lucha: se matricula por dos años en un curso de afrikáans por correspondencia. Sus amigos se quedan asombrados: ¿por qué quiere aprender la lengua del enemigo? Mandela no se detiene ahí, a continuación se centra en el estudio de la historia y de la cultura de los bóeres, y lee obras literarias escritas en esta lengua. En esta época, en la población negra predomina más bien la actitud contraria. A mediados de los años setenta, una nueva ley provoca manifestaciones en las calles de Soweto. La ley impone estudiar en la escuela en parte en afrikáans, la lengua de los amos. Estas manifestaciones son aplastadas con sangre, los muertos se cuentan por centenares, los heridos por miles y los condenados por decenas de miles. Mandela envía desde la cárcel un mensaje de solidaridad con las víctimas, lo que no le impide seguir aprendiendo esta cultura. De nuevo su motivación es doble: si respetamos a alguien, debemos hacer un esfuerzo por entenderlo mejor; además, si hablamos la lengua del enemigo, tenemos más posibilidades de ganarnos su simpatía y al final influir en sus puntos de vista. Virtud moral y utilidad política siguen yendo de la mano.

No es el primer político que entiende la necesidad de dominar la lengua de sus enemigos para combatirlos mejor. El conquistador español de México, Hernán Cortés, es famoso

1. CMM, pp. 259, 287, 260.

por la atención que presta a este mismo tema. Se adentra prudentemente en tierras mexicanas antes de descubrir a un español, superviviente de un naufragio anterior, que habla la lengua de los pueblos locales, los mayas. Cortés se asegura su servicio, pero no se contenta con ello. Recluta también a una mujer, Malintzin, a la que después llamarán La Malinche, que habla la lengua de los mayas, pero también la de los aztecas, los dueños del centro de México. La mujer aprende además español y se convierte en una valiosa colaboradora en la estrategia de conquista de Cortés. Así, el conocimiento de la lengua extranjera se pone aquí al servicio de la conquista del poder, y en último término del sometimiento de los otros. El uso que hace Mandela es muy diferente. Este conocimiento le permite acercarse a sus adversarios, iniciar el diálogo con ellos, y por último ganarse su confianza, que no traicionará en ningún momento.

Mandela trata a sus vigilantes con respeto no sólo porque le es útil. En los últimos años de encarcelamiento tiene mucha más libertad de movimiento, habla con ministros y podría descuidar las relaciones con los simples empleados, pero no lo hace. Los vigilantes no son insensibles a esta magnanimidad. Uno de ellos, sabiendo que su prisionero echa mucho de menos el contacto con niños, introduce a su bebé de ocho meses en la celda de Mandela y luego lleva a éste a su casa para que conozca a toda su familia. Otro se ocupa de cocinar y de limpiar para él. Para que no se sienta humillado, Mandela le propone fregar los platos de los dos. El vigilante se niega, pero el prisionero se empeña y acaba imponiendo la repartición de las tareas. Una vez liberado, incluso después de haber sido elegido presidente, sigue manteniendo buenas relaciones con ellos. Escribe que estos hombres «reforzaban mi fe en que los que me habían mantenido entre rejas durante los veintisiete años anteriores eran básicamente humanos».[1]

Mandela no cree ser ni un héroe ni un santo, y es consciente de sus propias debilidades. Sencillamente, hace todo

1. *LCL*, p. 677.

lo que puede para lograr el objetivo que se ha propuesto: vivir en función de la idea que lo mueve y liberar a un pueblo del odio.

UN DESTINO PARALELO: MALCOLM X

En estos mismos años, en el otro gran país en el que impera la discriminación racial, Estados Unidos, un hombre vivirá no una, sino toda una serie de metamorfosis que acabarán acercándole a Mandela, aunque su punto de partida sea muy diferente. Se trata del militante político negro que se hace llamar Malcolm X.

Ya de muy joven (nace en 1925) se ve enfrentado a la violencia racial presente en la sociedad. Cuando su madre está embarazada de él, el Ku Klux Klan amenaza a su familia y le comunica que va a matarla. Los padres huyen a Michigan, donde el padre ejercerá su oficio de predicador, pero las persecuciones no cesan y un día incendian su casa. El padre de Malcolm es asesinado poco después y quitarán a su madre la custodia de sus hijos, que entregarán a familias de acogida de la zona.

En esta época Malcolm sufre su primera metamorfosis. Vive con una familia blanca de la zona e intenta por todos los medios responder a sus expectativas, en la escuela saca notas excelentes y lo admiran tanto los demás alumnos como sus profesores. Quiere comportarse como un blanco, integrarse lo mejor posible en esa sociedad que ha pasado a ser la suya. Más adelante someterá su pelo a un cambio doloroso para que sea como el de los blancos, a los que considera superiores.

A principios de la Segunda Guerra Mundial, Malcolm sufre otro cambio. Se instala en el gueto negro de grandes ciudades, primero Boston y luego Nueva York, y se convierte en un «buscavidas» (*hustler*). Durante un tiempo se entrega a actividades al límite de la legalidad y se ocupa de apuestas clandestinas, luego se dedica al tráfico de drogas, y más tarde encabeza una banda especializada en robar casas de ricos. Dice que en esa época «creía que los hombres debían hacer todo aquello que son lo bastante hábiles, o lo bastante viles y audaces, para hacer, y que las mujeres no eran más que una mercancía entre otras».[1]

Las consecuencias de este modo de vida no se hacen esperar demasiado. Descubren las actividades delictivas del grupo, y detienen y condenan a Malcolm. Pasará los siguientes seis años (1946-1952) en la cárcel. Bajo la influencia conjunta de determinados prisioneros con los que se relaciona y de algunos miembros de su familia, vivirá otra metamorfosis, tan radical como las anteriores: descubrirá la iglesia de la Nación del Islam y se convertirá en fiel admirador de su dirigente, Elijah Muhammad. Vive este cambio en la cárcel, como Mandela unos años después, pero con resultados opuestos. La doctrina que pregona el venerable Elijah es absolutamente maniquea, sólo que los papeles se reparten de manera diferente: ahora «el hombre blanco es el diablo». La doctrina afirma también que la raza –en el sentido del color de la piel– ejerce una influencia determinante en el comportamiento del individuo. Según él, cada raza debería vivir por separado, y los negros americanos deberían volver a África. La Nación del Islam impone también a sus fieles un severo código moral, que les permite alejarse del mundo delictivo en el que se movían. «Los musulmanes discípulos de Elijah Muhammad no debían bailar, ni jugar por dinero, ni salir con personas del otro sexo, ni ir al cine, ni asistir a un evento deportivo, ni tomarse largas vacaciones.»[2] Al salir de la cárcel, Malcolm pasa a ser miembro activo de la congregación y se dedica totalmente a su dirigente. Apoyará las actividades de la organización y ascenderá a la cúpula. Ahora es un insumiso y un político.

1. *The Autobiography of Malcolm X*, con Alex Haley, Nueva York, Penguin Books, 1968, cap. IX, p. 225. [Trad. esp.: *Malcolm X: la autobiografía*, Barcelona, Ediciones B, 1992.]
2. *Ibid.*, XI, p. 278; XIII, p. 322.

La ruptura entre los dos personajes tendrá lugar diez años después. Una de las razones es que Elijah tiene envidia a Malcolm, más elocuente y más carismático que su jefe. Malcolm será cesado de la organización en diciembre de 1963, y la abandonará oficialmente unos meses después. Pero los reproches que le hacen no son sólo personales, reflejan desacuerdos políticos, y el propio Malcolm es consciente de lo que ahora lo separa de la organización. Estos desacuerdos se concretarán después del peregrinaje que realiza en abril de 1964, que prepara su última metamorfosis, la que lo acercará al Mandela del último periodo.

Malcolm siempre ha presentado su actitud hacia la sociedad que lo rodea como el reflejo inverso de la que la sociedad ha tenido hacia él y los demás negros estadounidenses. «No tengo piedad ni compasión por una sociedad que aplasta a los hombres y después los castiga por no haber sido capaces de soportar ese peso.»[1] Como la sociedad estadounidense blanca tiene una visión maniquea de su minoría negra, se siente con derecho a asumir una actitud igualmente maniquea respecto de los blancos. Como éstos ejercen la violencia sobre las masas negras, éstas tienen derecho a defenderse mediante las armas. Sin embargo, en su viaje a La Meca ve que en todas partes lo tratan como a cualquier otra persona. En Frankfurt se cruza con peregrinos de diversos países, y nadie presta atención al color de su piel. Lo vive como una revelación: «Aquí de verdad no había ningún problema con el color». El islam, que hoy en día muchos europeos perciben como sinónimo de fanatismo, si no de terrorismo, será para él el camino que le llevará a la tolerancia y a la paz. Esta peregrinación ocupa para él el mismo lugar que la cárcel para Mandela, el de una revelación fulgurante y profunda. Y Malcolm, de repente liberado del yugo en el que lo encerraba el concepto de raza, añade: «Era como si acabara de salir de la cárcel». El mensaje universal del islam disipa la filiación racial. Du-

1. *Ibid.*, I, p. 102.

rante este viaje, mire hacia donde mire, Malcolm sólo ve
«amor, humildad y verdadera fraternidad». Si queremos
seguir recurriendo al concepto de raza, debemos desplazar
su significado para que designe no el color de la piel, sino
una manera de ser en el mundo. «En Estados Unidos,
"hombre blanco" quería decir "actitudes y acciones concretas hacia el hombre negro y hacia todos los demás hombres que no eran blancos". Pero en el mundo musulmán he
visto a hombres blancos más auténticamente fraternales de
lo que nadie lo ha sido jamás.» Malcolm se convierte ahora en enemigo del racismo, del de los blancos hacia los negros, muy frecuente, pero también, aunque más raro, del
de los negros hacia los blancos. Imitar al adversario, incluso en sus defectos, es comprensible e incluso excusable:
«No podríamos culpar al negro estadounidense por su
agresividad en este ámbito, porque lo único que hace es
reaccionar a cuatro siglos de racismo consciente por parte
de los blancos estadounidenses».[1]

Provisto de estas nuevas ideas, Malcolm ya no puede
seguir en la Nación del Islam, aunque se lo pidieran. Ahora
la discrepancia es política. La Nación proclama la separación y el desarrollo autónomo (que por lo demás es lo que
significa la palabra *apartheid*), pero él está por la instaura-
ción de los mismos derechos humanos para todos en todos
los Estados. La Nación prohíbe los matrimonios entre negros y blancos, y la participación de unos y otros en las
mismas actividades antirracistas, pero él considera que
cada individuo debe tomar esta decisión libremente. La
Nación sólo actúa por el bien de los miembros de la organización, pero él quiere defender el de todos los negros, sea
cual sea su religión. La Nación se presenta como una religión y una moral, pero él quiere llevar su lucha al terreno
político. Después del asesinato de Malcolm, Elijah resume
esta discrepancia de otra manera, creyendo eliminar así a
su adversario: «Volvió de La Meca predicando que no de-

1. *Ibid.*, XVII, pp. 433, 437, 447, 455.

beríamos odiar al enemigo».¹ Es decir, para el dirigente de
la Nación, una traición. Malcolm se habría convertido,
como Mandela, en un resistente sin odio.

La relación de estos dos insumisos con la violencia es
ahora similar: ninguno de los dos quiere renunciar a ella in-
condicionalmente (a este respecto no están de acuerdo con
Gandhi y Martin Luther King), pero ninguno incita a ponerla en práctica. En una entrevista que le hicieron en sus últimos meses de vida, Malcolm declara: «Creo que deberíamos protegernos por todos los medios que sean precisos
cuando nos atacan los racistas»,² con lo cual reserva la violencia a un papel de autodefensa. Aunque había criticado
enérgicamente la línea que Martin Luther King eligió en su
época, en las últimas páginas de su *Autobiography* adopta
una actitud neutra: «Nuestro objetivo siempre ha sido el
mismo, con métodos tan diferentes como los míos y los del
doctor Martin Luther King, que optó por las marchas no
violentas que ponen de manifiesto la brutalidad y el daño
que el hombre blanco inflige a los negros indefensos».³ Los
dos enfoques son más complementarios que contradictorios. Por lo demás, en sus últimos años King defenderá puntos de vista más radicales. Morirá el 4 de abril de 1968, a los
treinta y nueve años, probablemente asesinado por extremistas blancos.

Malcolm X no tendrá tiempo de poner en práctica su
nuevo programa político, ni de vivir otras metamorfosis.
Será asesinado el 21 de febrero de 1965, a la misma edad,
por miembros de la Nación del Islam, sus antiguos herma-
nos de lucha. Su itinerario es aleccionador en varios aspectos. En primer lugar, Malcolm muestra que se puede superar
el determinismo racial, o social, o mental, y transformarse
desde dentro uniéndose a un ideal. Y lo que es más impor-

1. *Ibid*, p. 73.
2. Malcolm X, *By any Means Necessary*, Nueva York, Pathfinder
Press, 1970, p. 160.
3. *Autobiography*, XIX, p. 496.

tante, sabe reconciliar en él los principios universales y la defensa de una comunidad, la renuncia al odio y la continuación de la lucha.

Las formas de resistencia adoptadas por cada uno de los dos militantes han contribuido a la lucha de los afroamericanos por la libertad, la igualdad y la dignidad. Pero no por ello podemos decir que se hayan visto coronadas por un éxito total. Durante el medio siglo que ha transcurrido desde entonces, la historia de sus países ha estado marcada por otras manifestaciones racistas, que se mantienen. En 2014-2015, el asesinato de varios jóvenes afroamericanos por parte de la policía local y la impunidad de los asesinos volvieron a provocar numerosas protestas y manifestaciones. La lucha por la igualdad real de la población negra en Estados Unidos, contra las violencias de las que es víctima, no sólo forma parte del pasado.

REGRESO A MANDELA: VIDA PÚBLICA Y VIDA PRIVADA

La vida de Mandela ofrece un notable ejemplo de distribución armoniosa entre las exigencias de la moral y las de la política, entre las virtudes que exige el individuo en sus relaciones con los demás y las que refuerzan al militante comprometido en una lucha común. Otro ámbito de su vida no parece conseguir ese mismo equilibrio, su vida privada.

Al entregarse a la lucha política para abolir el apartheid y liberar a su pueblo, Mandela sabe que se verá situado ante un conflicto de prioridades. Como el ser humano no dispone ni de tiempo ni de fuerzas infinitas, es necesario establecer una jerarquía entre sus actividades. En 1955, pensar en su madre, que se hace mayor, le obliga a hacerse preguntas. «A menudo me he preguntado si nuestra lucha por otros justifica que descuidemos a nuestra propia familia. ¿Hay algo más importante que ocuparte de tu madre, que está a punto de cumplir sesenta años? [...] Cuando mi conciencia no me deja en paz, debo admitir que mi entera y total implicación en la causa de la liberación de nuestro pueblo da sentido a mi vida y me proporciona una alegría real.»¹ Mandela nunca olvida a los suyos, sabe que sus frecuentes ausencias son duras para ellos, pero piensa también que las heridas que ha recibido su pueblo son mucho más profundas, y que en este ámbito su acción puede ser más útil.

La misma tensión se produce con la familia que él ha formado. La separación de su primera mujer, Evelyne, se debe a divergencias en sus opiniones políticas y a las ocupaciones del marido, que lo mantienen alejado del hogar familiar. «Solíamos discutir por este tema, y le explicaba pacientemente que la política no era una diversión, sino el trabajo de mi vida, que se trataba de una parte esencial y fundamental de mi ser. Ella no podía aceptarlo.» Acaban divorciándose. Entonces conoce a Winnie, con la que no tiene desacuerdos políticos, y se casan. Pero el desgarro es el mismo. «No tuvimos tiempo para ir de luna de miel [...] La esposa de alguien que lucha por la libertad está necesariamente sola, incluso cuando su marido no está en la cárcel.» Lo mismo sucede con la relación con sus hijos. «Me encanta jugar y charlar con los niños, bañarlos, darles de comer y estar con ellos», pero casi nunca tiene tiempo para estos sencillos placeres. Las relaciones con sus hijos se resienten. Mandela es mucho más el buen padre de la nación que un buen padre de familia. Él mismo confiesa: «Ser el padre de la nación es un gran honor, pero ser un padre de familia es una alegría mayor. Una alegría que he conocido demasiado poco».²

Así, Mandela se desgarra entre la opción que le dictan sus deberes de militante y los afectos a los que le empuja su identidad de hombre que ama a los suyos, entre el honor y la alegría. «Siempre había creído que para luchar por la libertad debíamos acallar casi todos los sentimientos personales», escribe, porque prefiere sentirse miembro de un movimiento colectivo a ser un individuo que sólo conoce sus

1. *CMM*, pp. 70-71.
2. *LCL*, pp. 250, 263; *CMM*, p. 73; *LCL*, p. 725.

relaciones personales. Su propia autobiografía, *El largo camino hacia la libertad*, es fruto del trabajo colectivo que llevó a cabo en la cárcel con sus compañeros, y su función es servir a la lucha del ANC por la conquista del poder, no la confesión de un individuo. Establece entre estas dos vertientes de su vida un auténtico «apartheid espiritual», según la frase de uno de sus biógrafos, John Carlin. Llevando esta lógica al extremo, en determinado momento acepta serenamente perder su vida, si es el precio a pagar para que su pueblo sea liberado. Pero no puede reprimir sus sentimientos. Haber sacrificado las relaciones con los miembros de su familia «siempre ha sido mi mayor pesar y el aspecto más doloroso de la vida que he elegido». «Mi compromiso con mi pueblo [...] se hizo a expensas de las personas a las que más conocía y quería.»[1] Los dos caminos son deseables, uno no enriquece más que el otro, no deberían ser contradictorios, pero resultan ser incompatibles, sencillamente porque la vida del individuo y su ser, su capacidad de amor, no son infinitos. Es el drama que viven todos aquellos que, al emprender una acción colectiva o una actividad creadora, se dirigen al mundo y ven alejarse la posibilidad de vivir el amor por sí mismos, como si lo uno no autorizara lo otro, como si su corazón estuviera ocupado por el mundo. Pasternak elige lo contrario, pero él no aspira a cambiar la sociedad.

Mandela vivirá también la situación inversa, ya no la de quien desatiende a sus seres queridos, sino la de quien es abandonado por ellos. Es el resultado de su relación con Winnie. Su vida en común ha durado cuatro años, en los que han tenido dos hijas, pero no han pasado mucho tiempo juntos. Luego llegan los veintisiete años de cárcel, en los que Mandela no deja de pensar en su mujer y sufre por las persecuciones a las que se ve sometida. Pero al salir de la cárcel la caída es vertiginosa. Descubre que Winnie ha traicionado con su comportamiento su ideal político, ha alentado la vio-

1. *LCL*, p. 277; *SM*, p. 75; *LCL*, pp. 725, 754.

lencia entre grupos de negros y se ha rodeado de una banda de jóvenes que siembran el terror a su alrededor y a los que incluso atribuyen varias muertes. Además rechaza toda proximidad sexual con su esposo. Durante su divorcio, Mandela dirá que en esos dos años «yo era el más solitario de los hombres».[1] No es sólo que su mujer tuviera amantes durante los años de cárcel de Mandela. Después de su liberación, ella mantiene su relación amorosa con un abogado treinta años más joven que ella. Winnie ha cumplido ya los cincuenta y cinco, quiere vivir, quiere placer y cuenta los años que le quedan para aprovechar. Ha desaparecido no sólo la intimidad sexual de la pareja, sino también y sobre todo las relaciones de solidaridad, de confianza y de entrega mutua, que el deseo de Winnie se lleva por delante. Las recriminaciones a su joven amante se hacen públicas, y su publicación en la prensa sudafricana amenaza con interferir en la campaña presidencial de Mandela. Así pues, éste anuncia oficialmente su separación, y unos años después se divorcia. Aunque la experiencia es dolorosa, recupera una auténtica vida.

Mandela tendrá una última relación íntima, con su tercera mujer, Graça, con la que se casa el día en que cumple ochenta años. Una relación serena, de la que dice en una nota: «No puedo describir la alegría y la felicidad de ser amado por una mujer tan humilde, y sin embargo tan agradable y brillante». El luchador intrépido, el padre de la nación, que ha llevado en su corazón a tantos hombres, decía al final: «Para mí es un consuelo y una satisfacción increíbles saber que hay alguien en el mundo con quien puedo contar».[2]

1. *SM*, p. 74.
2. *CMM*, p. 392.

Dos insumisos contemporáneos

DAVID SHULMAN

En su libro *Apartheid et Israël*, Derek Cohen, un sudafricano que emigró a Canadá, después de haber puesto de manifiesto –con estupefacción– las similitudes entre el régimen que conoció en su país natal y el que ha conocido en sus visitas a Israel, comenta: «Cuando Nelson Mandela se convirtió en presidente de Sudáfrica, la élite judía [de este país] aseguró estar encantada [...] Sin embargo, para gran inquietud de esta misma élite, Mandela declaró hacer causa común con los palestinos que sufrían la ocupación. Al morir Arafat [2004], Mandela lo describió como "un guerrillero sin igual" por la causa de un Estado palestino». Esta opción de Mandela responde a la historia reciente de su patria. Mientras está en vigor el régimen de apartheid, Israel es uno de los pocos países del mundo que sigue enviando armas al gobierno sudafricano y que le proporciona ayuda militar. A esta relación de proximidad o de contigüidad se añade otra, esta vez de similitud: después de la guerra de 1967, Israel adquiere el control de los territorios palestinos vecinos, en los que los habitantes son tratados «de una manera que al nuevo presidente de Sudáfrica no podía dejar de recordarle muchas cosas».[1]

En el prólogo al libro de Cohen, la periodista israelí Amira Hass analiza esta comparación entre las dos situaciones y

---

1. Derek Cohen, *Apartheid et Israël*, prólogo de Amira Hass, Arles, Actes Sud, 2008, pp. 70-72.

señala que, como de costumbre, pone de manifiesto similitudes y diferencias. A diferencia de lo que sucedía con blancos que militaban por la abolición del apartheid, no se reprime con violencia a israelíes que defienden a los palestinos, no se les tortura ni se les encarcela. Israel es un Estado de derecho en el que los ciudadanos no están sometidos a persecuciones ilegales. La separación entre las dos poblaciones no depende de criterios raciales o ideológicos, sino que se basa en una diferencia étnica, que puede ser eludida. Así, los hospitales de este país curan indistintamente a judíos y a árabes. La proporción cuantitativa de los dos grupos en la población tampoco es la misma. Pero otros rasgos de las dos situaciones las acercan, como las limitaciones que impone el gobierno israelí a la población árabe, tanto en el país como (sobre todo) en los territorios ocupados. Los judíos de Israel, incluso los judíos del mundo entero, pueden establecer una colonia en el territorio palestino, pero los palestinos no pueden hacer lo mismo en Israel, ni siquiera conservar sus bienes en su propio país. En los territorios, los colonos disponen de agua corriente, electricidad, teléfono y carreteras de mucho mejor calidad que las de la población autóctona que los rodea. El gobierno israelí, en cuya elección no participa la población de los territorios, impone el control militar tanto en Cisjordania como en Gaza. En los conflictos que enfrentan a los colonos con la población local, el ejército de ocupación y la policía toman sistemáticamente partido por los colonos. Los árabes israelíes no tienen todos los derechos de que gozan sus compatriotas judíos. En definitiva, «las discriminaciones estructurales caracterizan Israel y su régimen de ocupación».[1] Por esta razón, aunque sea un Estado legal y liberal, Israel no es una democracia, sino una etnocracia, es decir, un Estado en el que una de las etnias tiene derechos superiores a los de las demás.

Como en Sudáfrica, esta situación crea conflictos que desembocan periódicamente en brotes de violencia: atentados y

1. *Ibid.*, p. 28.

misiles artesanales por un lado, y bombardeos y ocupación por la otra. La lógica de los enemigos complementarios vuelve a entrar en acción. Cada atentado por parte palestina es respondido con una mayor represión por parte israelí, y las medidas represivas y discriminatorias del Estado israelí provocan reacciones de rebeldía por parte de los palestinos. Pero las fuerzas de que disponen cada uno de los contendientes no tienen nada que ver. Los luchadores palestinos superan a veces a sus adversarios en violencia verbal, pero están muy por detrás en el despliegue de la violencia física. En la última ocasión en que se desencadenó la violencia hasta la fecha, las represalias sobre Gaza en el verano de 2014, la cantidad de muertos de un bando y del otro se situaba en una proporción de un israelí por cada treinta palestinos, resultado macabro que recuerda a las guerras coloniales que antaño llevaron a cabo los europeos, y también a la ejecución de rehenes en los países ocupados durante la Segunda Guerra Mundial. A ellos se suman los inmensos daños materiales y los sufrimientos que se infligen a toda la población de Gaza. ¿Podemos imaginar una salida de esta serie de violencias y de contraviolencias, de venganzas y de represalias, que va intensificándose a medida que se prolonga?

De momento, los equivalentes de Nelson Mandela, por una parte, y de Pieter de Botha y Frederik de Klerk, por la otra, se hacen esperar. Sin embargo, muchos individuos intentan reducir la violencia que desencadena el conflicto, aspiran a defender la justicia en detrimento de la fuerza, a favorecer las iniciativas que reúnen a personas de los dos lados, se niegan a someterse a las medidas políticas adoptadas por su país, y por lo tanto practican una resistencia no violenta y se dirigen prioritariamente a las fuerzas de su propio bando. Entre ellos decido contar el itinerario de un israelí implicado en esta insumisión en nombre de la justicia y de la igualdad, David Shulman. Ocupa una posición algo aparte en la galería de retratos que presento aquí, porque, como Tillion durante la guerra de Argelia, personalmente forma parte del bando de los dominantes, que quisiera cambiar desde dentro, no del bando de los dominados, como Hillesum, Tillion durante la Segunda Guerra Mundial, Pasternak, Solzhenitsyn, Mandela y Malcolm X. También es el primer personaje que sigue vivo (espero que por mucho tiempo), lo que tiene la ventaja de recordar la actualidad de este tipo de lucha.

Shulman, nacido en 1949, es profesor en la Universidad Hebrea de Jerusalén, primero en estudios indios y luego en «estudios humanísticos». Desde hace varios años forma parte de un grupo de voluntarios palestinos e israelíes «implicados por la paz para poner fin a la ocupación y que defiende la igualdad de derechos cívicos en Israel».[1] Este movimiento estrictamente no violento se llama Ta'ayush, «vivir juntos» en árabe. El movimiento da nombre al libro que le ha dedicado Shulman (en francés; en inglés se titula *Dark Hope*, «oscura esperanza»). El libro no es ni un panfleto ni un tratado teórico, sino el diario de a bordo de un hombre que se niega a defender la política israelí con las poblaciones palestinas, escrito en cuatro años, 2002-2005. Los medios que emplean los miembros de este movimiento para actuar sobre el mundo no son ni los explosivos, ni las discriminaciones, ni los encarcelamientos. Estas personas se limitan a asistir a los actos que consideran inadmisibles, expresan su desacuerdo y están dispuestas a dar testimonio. Junto con otros miembros, Shulman se traslada a los territorios ocupados, a las zonas donde amenazan con expulsar a los palestinos, confiscar sus tierras y destruir sus casas. La simple presencia de gente que protesta –presencia a menudo obstaculizada por cordones de militares y de policías que protegen a los colonos– permite a veces retrasar, incluso suspender, las medidas antipalestinas. Minúsculas victorias conseguidas sin violencia.

Shulman sabe que ninguna de las poblaciones en conflicto, «dos pueblos que reivindican la tierra por razones equivalentes», está formada exclusivamente por ángeles. Lo que

---

1. David Shulman, *Ta'ayush*, Seuil, 2006, p. 19.

dicta su comportamiento es la lógica de los enemigos complementarios, cada uno cree responder a una violencia anterior. «Es del todo evidente que no hay esperanza. Dos nacionalismos implacables se encierran en su conflicto.» La última guerra de Gaza (de 2014) le inspira un comentario parecido. Ve en ella «el absurdo ritual bianual durante el cual los dos bandos se golpean alegremente y luego vuelven a la situación anterior».[1] Nos da la impresión de que, al margen de las circunstancias, que siempre se renuevan, nos encontramos ante un relato primitivo, que procede de las profundidades del pasado: *nosotros*, los hijos de la luz, estamos amenazados por *ellos*, los hijos de las tinieblas, hay que golpearlos antes de que nos golpeen; luego la venganza toma el relevo, y toda agresión provoca una réplica como contrapartida. «La derecha israelí explota sistemáticamente el terrorismo palestino para promover su programa de expansión», y la perspectiva de un Estado palestino viable se aleja cada vez más. Aun así, está claro que los resultados de los enfrentamientos no son iguales. «Un bando es infinitamente más fuerte que el otro, pero no más generoso», señala Shulman.[2] No puede medirse igual la fuerza de ataque de los israelíes y la de los palestinos.

Shulman sigue insistiendo en que el mundo no se divide en dos, con todo el bien en un lado y todo el mal en el otro. «La "otra parte" se tambalea también bajo el peso de sus locuras y crímenes. Ninguna de las dos tiene el monopolio de lo verdadero, y tampoco el de lo falso.» Pero como forma parte de uno de los grupos en conflicto, siente el deber moral de intentar actuar sobre los suyos. «Me siento responsable de las atrocidades cometidas en mi nombre por la mitad israelí de la historia.»[3] Sin pasar por alto las violencias de las

1. David Shulman, «Israel in Peril», *New York Review of Books*, 7 de junio de 2012; *Ta'ayush* (libro), *op. cit.*, p. 114; «Umm al-Ara'is...», *Ta'ayush* (revista), 12 de julio de 2014.
2. *Ta'ayush* (libro), *op. cit.*, pp. 26, 114.
3. *Ibid.*, pp. 26-27.

que son responsables los luchadores palestinos, deja a sus representantes la tarea de hacer examen de conciencia. «Mi propósito es poner en evidencia las tinieblas de mi lado [...] Las otras no son asunto mío. Dejemos que nuestros amigos palestinos se ocupen de su propio enemigo interior.»¹ Estigmatizar las taras de los demás no aporta nada a tu virtud, y dar lecciones de moral no es un acto moral. El acto moral sólo puede producirse en primera persona, en respuesta a una exigencia que el individuo o el grupo se dirige a sí mismo. Para entender el mal en el otro antes hay que ser capaz de entreverlo en uno mismo, y así actúa Shulman. «Si observo en mí mismo, puedo ver en lo más hondo, junto con la esperanza, la fe y cierta capacidad de empatía, las mismas fuerzas que operan en los colonos más depredadores. Yo también soy capaz de odiar, de ser parcial y maniqueo.»² Pero reconocer la presencia de estas fuerzas no significa sucumbir a ellas. En él no hay rastro de odio hacia sus conciudadanos israelíes, los ve más bien como a extraviados a los que querría ayudar a recuperar su plena humanidad.

Así pues, las intervenciones de Shulman y de sus compañeros de Ta'ayush tienen de entrada una dimensión moral, porque todos ellos intentan corregir al grupo del que forman parte. Quieren también transformar el mundo que los rodea, y por lo tanto aspiran a ejercer una acción política. Interrogándose sobre las motivaciones de sus actos, Shulman identifica dos, complementarias entre sí. «Espero que mis nietos estén orgullosos de mí.» Esto dice respecto del trabajo moral en sí mismo, del esfuerzo de ser una persona de bien. Pero añade: «Y más importante aún, espero, creo firmemente que aún podemos hacer un auténtico cambio». Esta complementariedad se apoya en una apuesta, a saber, que la cualidad interior de la persona puede influir en el mundo exterior. Shulman está convencido de ello: «Nada amenaza tanto la ocupación como un hombre bueno y no

1. *Ibid.*, pp. 262, 266.
2. *Ibid.*, pp. 20-21.

violento».¹ Así, el trabajo moral sobre sí mismo, la educación moral personal, adquiere un papel político. Shulman reivindica el deber de la memoria. Esto significa que hay que saber identificar una obra antigua incluso cuando la representan actores nuevos. Es el sentido de una lección que ha recibido de su madre: «Me enseñó hace décadas que, como fuimos esclavos en Egipto, entendemos, sentimos, sabemos y nunca haremos daño a los oprimidos». Los que recuerdan que sufrieron la esclavitud evitan infligir a los demás sufrimientos comparables. Los que tanto sufrieron el exilio no deberían provocar el exilio de los demás. Los que fueron maltratados con la excusa de que era preciso obedecer las órdenes jamás deberían justificar sus propios actos diciendo: «Decidir no es cosa mía, yo recibo órdenes y las cumplo lo mejor que puedo».² Interpretando así la historia pasada podemos esperar salir de la lógica de represalias según la cual hay que devolver mal por mal.

Shulman practica una insumisión no violenta, relacionada con lo que él llama «rechazo selectivo» respecto del comportamiento de determinados soldados israelíes, que «estarían dispuestos a luchar en una guerra defensiva por la supervivencia, pero que ya no quieren participar en la ocupación de todo un pueblo y en la confiscación de sus tierras». Es un «extremista de la moderación». Su opción consiste en no aceptar en silencio los actos que desaprueba, en no pasar por alto las caras angustiadas de aquellos a los que se descarta y expulsa, en impedir con su presencia actos ilegales. También puede hacer de enfermero. Como Etty Hillesum, recupera el sentido de estos gestos sencillos, «llevar comida a los que tienen hambre», «vendar las heridas» y curar a los enfermos.³

Los principios en los que se inspira Shulman apenas se diferencian de los de Nelson Mandela –rechazo del mani-

1. *Ibid.*, p. 21; «Umm al-Ara'is...», art. cit.
2. *Ta'ayush* (libro), *op. cit.*, pp. 106, 163.
3. *Ibid.*, pp. 160-161, 20, 157.

queísmo y del odio, y preferencia por la no violencia–, pero distan mucho de dar los mismos frutos. Shulman emprende esta lucha a principios de la década de 2000, y la situación de los palestinos no ha mejorado sensiblemente desde entonces. Sin embargo, esto no quiere decir que su acción no haya tenido ningún efecto. La situación habría podido ser peor. Por su parte, Germaine Tillion no consigue detener la guerra de Argelia, pero salva de la tortura o de la ejecución a muchos que participaban en el conflicto. Shulman constata muchos fracasos, informa también de los escasos éxitos, pero no se desanima. Actúa como lo hace por una imperiosa necesidad interior: «Lo hago porque es lo justo, y también lo único que puedo hacer. Lo hago porque hace que me sienta un poco más libre, porque hace que me sienta un ser humano».[1] No lo hace tanto esperando resultados políticos inmediatos cuanto porque sus gestos derivan de su concepción general del mundo. Desde este punto de vista, lleva a cabo un acto más moral que político, porque se preocupa más de las intenciones que llevan a la acción que de las consecuencias que derivan de ella. La calidad moral de un acto no depende de los resultados que se obtengan, sino que se valora por su propia naturaleza. Pero, como ya hemos visto, los actos morales pueden tener indirectamente un impacto político. Así, en ocasiones la justicia admite las razones de estos insumisos y de otros individuos que se unen a ellos.

En un texto dedicado concretamente a esta cuestión (¿por qué seguir actuando así cuando los resultados son tan escasos?), Shulman detalla este tipo de experiencia y describe su efecto. El sujeto de la acción recibe su recompensa por el mero hecho de llevarla a cabo. Mientras los soldados israelíes que han llegado a rescatar a los colonos le ponen las esposas, Shulman siente crecer en él una sensación de «libertad interior, más dulce que cualquier otra emoción que co-

---

1. «On the Goodness of Despair», *Journal of Human Rights Practice*, vol. 6, núm. 3, 2014, p. 506.

nozca, más dulce incluso que el amor», una emoción que se apodera de todo tu cuerpo, aunque quizá se trata de una forma concreta de amor, que se ha convertido en universal y que por eso impide odiar a los que te agreden. Podemos imaginar que este tipo de actos dejan huella en el mundo, y en este sentido lo cambian. Si él creyera en lo sobrenatural, podría representarse a «un dios que esconde un pequeño diario en el que anota este tipo de cosas [como sus actos] como remedio contra su propia desesperación».[1] Y más allá de toda figura que simbolice la justicia suprema, el sujeto de esta acción puede constatar: «El acto digno [...] sobrevive en el mundo, el único mundo que tenemos, sobrevive *en cuanto* mundo, inherente a su misterio». Una vez se ha llevado a cabo este acto, el mundo ya no es exactamente el mismo. La convicción de que el acto es justo y bueno arranca al sujeto de su soledad y aporta por sí misma su recompensa. Actuamos así «no por deber, sino por placer», como dice Rousseau.[2] Por eso, incluso aunque en el plano político y en lo inmediato aporte escasos resultados, desde una perspectiva cósmica este acto no es en vano. Shulman coincide así en sus reflexiones con el pensamiento expresado por Edward Said en uno de sus últimos ensayos, dedicado al tema de las «causas perdidas». Inspirándose a su vez en una frase de Adorno, Said afirma que, incluso en el caso de derrota política, el fracaso nunca es total. Lo que ha existido en el pensamiento y en la voluntad de los hombres no se desvanece al desaparecer. Por esta razón, ninguna causa se pierde definitivamente. Puede pasar de un individuo a otro, como una antorcha.

Shulman, especialista en historia y cultura indias, sabe también que su acción puede inscribirse en la tradición budista. «Como dicen los adeptos del zen, no actuamos sobre ese plano, el de la acción política, con los ojos clavados en el resultado. Actuamos porque debemos actuar, en nombre de

---

1. *Ibid.*, pp. 508, 509.
2. Jean-Jacques Rousseau, «Lettre à Sophie d'Houdetot», 17 de diciembre de 1757, en *OEuvres complètes*, *op. cit.*, t. IV, p. 394.

lo que es justo.»¹ En este sentido, ninguna lucha justa es en vano.

EDWARD SNOWDEN

En las últimas décadas del siglo XX se produce una auténtica revolución en el mundo de la comunicación. Gracias a la mejor comprensión de la naturaleza de la información y a las innovaciones tecnológicas que aporta el dominio de la electrónica, nuestra vida ha cambiado radicalmente. Los ordenadores personales han permitido que todo el mundo almacene inmensas cantidades de información. Los teléfonos móviles han ampliado infinitamente la posibilidad de contactar con los interlocutores. El correo electrónico o e-mail ha hecho posible el contacto inmediato con individuos que están en el otro extremo del planeta. La interacción de descubrimientos anteriores ha dado lugar a nuevos inventos. Internet, o la puesta en red de millones de ordenadores, ha abierto posibilidades infinitas de adquirir información. Los teléfonos móviles funcionan con un pequeño ordenador y han pasado a ser «inteligentes». En el contacto telefónico, la imagen se ha añadido al sonido. Las redes sociales han facilitado conversaciones simultáneas con múltiples personas. Cada día descubrimos posibilidades antes insospechadas de enriquecer, acelerar y multiplicar las comunicaciones.

A los creadores de estas nuevas técnicas a menudo les ha animado exclusivamente el deseo de mejorar un instrumento que ya existía, el culto al rendimiento y el perfeccionamiento por el perfeccionamiento. Pero otras veces afirman que esta tecnología revolucionaria permitirá alcanzar objetivos beneficiosos para la sociedad y las personas que la componen. Se trata básicamente de aumentar las capacidades y la libertad de los individuos mediante el acceso ilimitado a la información, que permite liberarse del control que

---

1. *Ta'ayush* (libro), *op. cit.*, p. 210.

antes ejercían las instituciones que custodiaban el saber. El propio Steve Jobs, inventor y promotor de los aparatos de la marca Apple, era producto de la contracultura, defensor de un anarquismo amable. En 1984, cuando se lanza un nuevo modelo de ordenador personal, el Macintosh, un anuncio publicitario proclamaba que se trataba de una herramienta que impediría que se hiciera realidad la pesadilla que Orwell cuenta en *1984*. En los países en los que el gobierno tiende a controlar el acceso a la información, dictaduras militares, tecnocráticas o totalitarias, el acceso individual libre a gran cantidad de datos altera la situación política, como hemos podido constatar al principio de las «primaveras árabes» y en las manifestaciones disidentes de China.

Sin embargo, una característica común de estas innovaciones tecnológicas habría debido atemperar las esperanzas que suscitaron: ahora las comunicaciones exigen relés electrónicos, y cada vez que pasan por ellos dejan rastro. Como sabemos, estos rastros pueden ser explotados con fines comerciales. El que ofrece los mensajes puede establecer el perfil de cada usuario –que es también un consumidor en potencia– y por lo tanto proponerle artículos que pudiera necesitar. El teléfono móvil facilita enormemente la comunicación, pero a la vez permite identificar los desplazamientos en el espacio de quien lo utiliza. La policía consigue esclarecer determinados delitos gracias a este tipo de información. Así pues, el precio de la mayor libertad es el posible control de nuestros actos y palabras por parte de las empresas privadas que garantizan las comunicaciones.

Podríamos llegar a la conclusión de que esta característica técnica aumenta el poder de los individuos ya poderosos que gestionan las empresas en cuestión. Se inscribiría en la evolución general de las democracias modernas en la época del neoliberalismo, allí donde el poder económico de los individuos se emancipa del control de los Estados y de la sociedad en conjunto. Sin embargo, aunque deja la economía a la iniciativa de los individuos, no por ello el Estado ha renunciado a todas sus prerrogativas. Hoy en día sabemos que puede obligar a estas empresas a comunicarle la información que ha acumulado y hacerla pública. La economía dice someterse sólo a las «leyes del mercado», es decir, a fin de cuentas a la voluntad de los individuos, pero, por medio de sus agencias, el Estado puede asegurarse la vigilancia –mucho más exhaustiva que nunca antes– de la vida social y política de las poblaciones, tanto de su propio país como de países extranjeros a los que estas mismas empresas multinacionales prestan servicio. Entre estos dos ámbitos, el económico y el social, se establece una especie de proporción inversa: cuanto más escapa al Estado el primero, más controla el segundo. En efecto, sólo un Estado puede llevar a cabo esta demostración de fuerza: por decisión judicial, obligar a las empresas a garantizarle el acceso directo a la información de que disponen. Hoy en día sabemos, gracias a las revelaciones de Edward Snowden, que esta posibilidad teórica se ha convertido en realidad en Estados Unidos y en Gran Bretaña en este inicio del siglo XXI.

En estos dos países, la labor de centralizar toda la información corresponde no a los organismos que tradicionalmente se encargaban del espionaje, sino a otras dos agencias, llamadas NSA (National Security Agency), en Estados Unidos, y GCHQ (Government Communications Headquarters), en Gran Bretaña. Las agencias no reúnen por sí mismas la información, sino que obligan a las empresas privadas a darles acceso directo a la información de la que disponen. Y las empresas lo hacen, sea por patriotismo o porque no tienen elección: Microsoft en 2007, Yahoo en 2008, Google y Facebook en 2009, YouTube en 2010, Skype en 2011, Apple en 2012, etc. Los datos obtenidos se suman a los que las agencias reúnen por otros medios, sobre todo en el marco de la cooperación entre servicios secretos, llamada Cinco Ojos (se trata de cinco países anglófonos: Estados Unidos, Gran Bretaña, Canadá, Australia y Nueva Zelanda), por ejemplo conectándose ilegalmente a los cables ópticos que atraviesan el Atlántico o captando los mensajes que se mandan por satélite. A partir de estas revelaciones

nos hemos enterado de que un organismo similar, llamado
por las siglas PNCD (Plate-forme Nationale de Cryptage et
de Décryptement), asume las mismas funciones en Francia y
reúne miles de millones de datos personales, que intercepta
en los satélites o a partir de cables submarinos. Es probable
que suceda lo mismo en otros países.

La cantidad de información que se reúne de este modo
no tiene nada que ver con la que podían ofrecer los métodos
de investigación tradicionales. Las cifras dan vértigo: en
marzo de 2013, la NSA constataba que tenía a su disposición 97.000 millones de datos procedentes de ordenadores del mundo entero; la GCHQ afirmaba que puede tratar
29.000 millones de datos en un solo día, 600 millones
de «eventos telefónicos» diarios. La NSA controla todos los
mensajes que se intercambian entre Estados Unidos y
los demás países del mundo, pero también incalculables in-
tercambios internos de su país y de algunos países extranjeros: enemigos potenciales, como Rusia, China e Irán, pero
también aliados como Alemania, Francia, Brasil y México.
Vigila a los responsables económicos, políticos y militares,
así como a sectores enteros de la población. Entre 2002
y 2013 había sometido a escuchas a treinta cinco jefes de
Estado, entre ellos la canciller Angela Merkel, lo que suscitó
la indignación de varios de ellos. En 2009, durante la reunión del G20 en Londres, sometieron a escuchas a todos
los participantes. En Alemania, la vigilancia que ejerce la
NSA sobre la población supera a la de la Stasi antes de la caída del muro de Berlín. La NSA intercepta cada día 20 millones de conversaciones telefónicas y 10 millones de mensajes
de internet. En Francia, en un mes (febrero-marzo de 2013)
reunió 124.800 millones de llamadas telefónicas y 97.100
millones de mensajes de internet.[1]

1. Tomo esta información de la obra de Luke Harding *The Snowden
Files*, Londres, Guardian Books, 2014. Sobre Snowden también se
puede consultar Glenn Greenwald, *Sin un lugar donde esconderse*,
Barcelona, Ediciones B, 2014; Franck Leroy, *Surveillance. Le risque*

La justificación inicial de esta actividad de vigilancia es la necesidad de luchar contra el terrorismo que apunta a Estados Unidos y Gran Bretaña. Pero es evidente que este objetivo limitado no tarda en superarse (hoy en día se estima que corresponde como máximo a un tercio de esta actividad) y queda sustituido por el desmesurado objetivo de saberlo todo de todos. ¿Qué peligro terrorista supone la canciller alemana o la presidenta brasileña?[1] El postulado implícito es que el saber total asegura el poder total, que la omnisciencia conduce a la omnipotencia. En realidad, la relación es de reciprocidad: para reunir un saber total es preciso disponer ya de un poder ilimitado. Los Estados sometidos a escuchas pueden engañarse con la ilusión de que siguen siendo soberanos, pero en la práctica ya no lo son. A su vez, millones de ciudadanos estadounidenses corrientes son vigilados sin ser sospechosos de actividades terroristas, por lo tanto contradiciendo los principios constitucionales, que garantizan las libertades de los individuos. Hasta ahora estas prácticas debían responder a una decisión judicial, pero, tras los atentados del 11-S, la administración Bush emitió una orden general exigiendo que estas prácticas fueran sistemáticas. Desde ese momento, la capacidad científica y técnica de la NSA ha alcanzado un nivel inigualable.

Varios observadores han señalado la sorprendente similitud entre esta actividad de vigilancia generalizada y las prácticas de los regímenes totalitarios, para los que era fundamental convertir a sus habitantes en «hombres vigilados», como dice el título del libro que uno de ellos, el escritor y cineasta búlgaro Vesko Branev, dedicó a describir su propia experiencia, un extraordinario relato sobre la vida cotidiana en un país totalitario. En la introducción de la traducción

totalitaire, Arles, Actes Sud, 2014; Antoine Lefébure, *L'Affaire Snowden*, La Découverte, 2014.
1. O los presidentes franceses, porque recientemente (en junio de 2015) nos hemos enterado de que entre 2006 y 2012 la NSA los sometió a escuchas.

francesa de esta obra, aparecida en 2009, yo escribía: «Además en el Oeste la vigilancia de los ciudadanos es cada vez mayor gracias a la tecnología electrónica e informática, pero ni los servicios de información generales [en Francia], ni el FBI tienen las ambiciones que tenía la Seguridad del Estado [en Bulgaria], es decir, conocer toda la vida de todos los habitantes».[1] En aquel momento no conocía la actividad de la NSA. Pero Luke Harding, autor de un libro sobre Snowden, resume prácticamente en los mismos términos el descubrimiento de este último: «El objetivo último de la NSA parecía incluso ir más allá [de los proyectos imaginados por Aldous Huxley y George Orwell en sus ficciones distópicas]: reunir todo de todos, en todas partes, y guardarlo indefinidamente».[2] Como otros, lo relaciona también con un precursor más lejano, el filósofo inglés Jeremy Bentham, que a finales del siglo XVIII imaginó una cárcel circular en la que un solo observador podía vigilar a todos los prisioneros. Llamó *panóptico* a este edificio futurista.

Los objetivos de la policía política de los países totalitarios eran similares, pero no contemplaba emplear los mismos métodos. Sin duda la Stasi, en Alemania del Este, ambicionaba «saberlo todo», pero para este fin utilizaba un medio tan artesanal que hoy en día sorprende: la vigilancia directa por parte de los agentes de este servicio (en el momento en que cayó el muro eran 91.000, ayudados por 180.000 colaboradores ocasionales, que se encargaban de denunciar todo comportamiento sospechoso; se calcula que, en Alemania del Este, una media de dos personas de cada trece denunciaban por escrito regularmente). Asimismo, los empleados de la Sta-

1. Vesko Branev, *L'homme surveillé*, Albin Michel, 2009, p. 18. [Trad. esp.: *El hombre vigilado*, Barcelona, Galaxia Gutenberg, 2009, p. 16.]
2. Luke Harding, *The Snowden Files*, *op. cit.*, p. 12. Misma constatación en Franck Leroy: «Tenemos que decidirnos a admitir que la vigilancia generalizada de las poblaciones constituye un riesgo totalitario», *Surveillance*, *op. cit.*, p. 277.

si abrían a diario hasta 90.000 cartas recurriendo al arcaico método del vapor. Es cierto que estas medidas, que la población conocía, contribuían también a otro fin: destruir todo tejido social independiente del poder político haciendo que todo el mundo sospechara de sus familiares y amigos, susceptibles de ser delatores. Estos métodos primitivos han quedado sustituidos por la vigilancia de los rastros electrónicos que dejan los mensajes actuales, vigilancia que por lo demás también llevan a cabo los ordenadores. Internet, que era un espacio de libertad, se ha convertido en una herramienta de vigilancia. Así, los inventos tecnológicos de los impulsores de Apple y de Google, que se suponía que protegerían a los individuos del control de los Estados, se han puesto al servicio del control generalizado, del Estado omnisciente. No se podrían conseguir los mismos resultados si los usuarios siguieran enviando sus cartas por correo y si siguieran hablando cara a cara. Los medios técnicos reunidos por la NSA le permiten, si lo desea, hacer el papel de un Gran Hermano a escala mundial, mucho más eficaz que el que imaginó Orwell.

Debemos el conocimiento de la hiperbólica ambición de estos servicios secretos a la integridad y al valor de varios individuos que decidieron arriesgar su tranquilidad, su comodidad y en ocasiones incluso su vida haciendo público lo que sabían. Es el caso del soldado Bradley Manning, que ahora se pudre en la cárcel por haber denunciado las violaciones de la ley por parte de militares y civiles estadounidenses en Irak (a los que el poder no molestará lo más mínimo por sus fechorías), y también de Thomas Drake, que trabajaba en la NSA y denunció, en un periódico estadounidense, el sistema de vigilancia, que consideraba ilegal. El más emblemático de todos ellos es Edward Snowden, joven analista de la NSA que en junio de 2013 organiza la más importante fuga de secretos de la historia de Estados Unidos y empieza a sacar a la luz gran cantidad de prácticas que considera infracciones de las leyes y de los principios constitucionales. Aprovecha su libertad de expresión para criticar las decisiones del gobierno de su país.

En un principio, el perfil de Snowden nada tiene que ver con el de un rebelde. Es un patriota, dispuesto a luchar para proteger a su país de los enemigos, como Irak (el ejército no lo considerará apto). Con esta misma intención empieza a poner sus conocimientos informáticos al servicio de los organismos de información, la CIA y después la NSA. Pero lo que descubre le decepciona. Se entera de que el gobierno estadounidense y sus agentes infringen deliberadamente la legislación, y por lo tanto cometen delitos que perjudican al pueblo estadounidense, porque reducen su espacio de libertad. Ve en ello una especie de golpe de Estado del ejecutivo contra la Constitución estadounidense. Constata también que estas decisiones, que se llevan a cabo durante la presidencia de G.W. Bush, no son corregidas por la administración Obama. Decide entonces iniciar una lucha en solitario contra aquellos a los que considera enemigos de la democracia.

A Snowden no le mueve ningún otro motivo. Como vemos en el documental dedicado a él, *Citizenfour*, es tímido, huye de la fama y de las cámaras, y pide a los periodistas que no se interesen por él, sino por lo que cuenta. No intenta vender los documentos de que dispone. Tampoco le mueve la simpatía ideológica por los países en los que encontrará refugio, China y Rusia, como había sucedido con algunos tránsfugas occidentales durante la guerra fría. Actúa como lo hace por rectitud moral, por respeto a su conciencia y por patriotismo. Le da la sensación de cumplir con su deber. Dice que no quiere «vivir en un mundo en el que se graba todo lo que hago y digo».[1] Al elegir esta lucha, sacrifica su carrera y su bienestar, acepta vivir en el exilio, lejos de su familia, bajo la amenaza de pasar largos años en la cárcel e incluso de perder la vida.

Así, un solo hombre desafía al Estado más poderoso que haya conocido la historia humana, los Estados Unidos de América, y en adelante la tierra se vuelve demasiado pequeña para él, porque, como dice el título de un libro dedicado

---

1. Luke Harding, *The Snowden Files*, op. cit., pp. 109-110.

a él, se queda «sin un lugar donde esconderse». No debemos
tomarnos este riesgo a la ligera, como mostró el siguiente
incidente: el gobierno estadounidense no dudó en pedir a
sus aliados de la Unión Europea, despreciando las reglas y
normas internacionales, que registraran el avión que trans-
portaba al presidente de Bolivia, sospechoso de haberse llevado a Snowden en su equipaje al salir de Moscú. Al obedecer esta orden, los gobiernos europeos ilustraron también el
abandono de soberanía respecto de Estados Unidos. La opinión pública de estos países europeos defendió a Snowden,
pero sin excesiva pasión. Aunque en todo momento está dispuesta a defender la libertad de expresión, no le conmovieron
las medidas que golpean al informático estadounidense, culpable de haber sacado a la luz la amenaza totalitaria que
pesa sobre el conjunto de la población de nuestros países.

El objetivo de Snowden es denunciar las infracciones cometidas respecto de la Constitución estadounidense y las
leyes del país. No tiene nada que decir sobre el principio de
que es preciso proteger el país contra aquellos sospechosos
de querer perjudicarlo, y por lo tanto someter a escuchas a
estas personas o interceptar sus mensajes. Pero esta práctica
se ha generalizado abusivamente al conjunto de la población, y el cambio cuantitativo ha provocado un cambio cua-
litativo: se vigila ya no sólo a los sospechosos, sino poten-
cialmente a toda la población, tanto si se tienen sospechas
como si no. Esta mala práctica ha sido posible gracias a la
evolución de la tecnología, «que ha excedido la ley, o la capacidad de cualquiera de tener una visión de conjunto lúcida de lo que sucede».[1]

El medio utilizado por Snowden para conseguir su objetivo es hacer público el delito que ha identificado. Para ello
toma precauciones que no imaginaron sus predecesores en
este camino. La principal es la siguiente: en lugar de revelar
él mismo los abusos que ha descubierto, confía esta labor a
intermediarios cualificados, es decir, los periodistas de una

1. *Ibid.*, p. 176.

publicación (y de un sitio web) cuya honestidad le consta, *The Guardian* de Londres. Snowden habla con los periodistas, que son los únicos que los comunican al público. Lo hacen estableciendo con cuidado el contenido de su mensaje. Sólo seleccionan de cada documento los elementos que permiten constatar la violación de la ley, y descartan todo lo que podría interesar a posibles enemigos del Estado estadounidense o británico, así como toda indicación sobre las personas implicadas, que podría poner en peligro su seguridad. Snowden saca a luz hechos verídicos, convencido de que «decir la verdad no es un delito»,[1] pero deja a los periodistas responsables la labor de elegir lo que es apropiado descubrir al público.

De momento, las instancias oficiales estadounidenses siguen amenazando con atrapar a Snowden en la primera ocasión y juzgarlo por delito de espionaje, con el resultado que podemos prever. Pero los delitos que ha sacado a la luz no son sancionados. ¿Es un criminal? La respuesta a esta pregunta depende más de las decisiones políticas del gobierno estadounidense que del derecho. En todo caso, está claro que su comportamiento satisface las exigencias de la moral. Sin duda ha infringido algunos reglamentos (como por lo demás hacen todos los que filtran información), pero su acción se inscribe en el marco de la «insumisión cívica» y responde a otras leyes, superiores, que contempla la Constitución del país. En la actualidad Snowden vive en Rusia, un país que sabe que trata la ley de manera brusca, pero cuya hospitalidad agradece. Nada indica que haya comunicado a las autoridades o a los servicios secretos rusos ni una parte de los documentos que se llevó consigo al marcharse de su país.

Al ejercer la insumisión frente a esta nueva variante del totalitarismo, ya no policial sino tecnológico, ya que capta las comunicaciones de la población sin pasar por la intermediación de vigilantes y de delatores humanos, Snowden

1. *Ibid.*, p. 332.

toma el camino que habían seguido, a su manera, los disidentes de la época comunista en Rusia y en la Europa del Este. Como ellos, está dispuesto a cualquier cosa para desenmascarar la mentira y dar a conocer la verdad. Si lo comparamos con Solzhenitsyn, observaremos de entrada varias diferencias que saltan a la vista. Cada uno forma parte de una época distinta (Snowden nació sesenta y cinco años después que el escritor ruso, en 1983). El mayor es un hombre de libro, y el menor de ordenador. Solzhenitsyn hace oír su voz en cuanto puede, y Snowden debe vencer su timidez para expresarse ante desconocidos.

Aunque son de caracteres muy distintos, las consecuencias de sus compromisos les acercan. Antes de dar a conocer su información, los dos deben apartarse de la vida social normal para no arriesgarse a dar indicios de en qué aventura se han embarcado. Los dos actúan por patriotismo, contra los que en ese momento dirigen el país. Una vez lanzado su desafío, se ven obligados a exiliarse, aunque es cierto que a Solzhenitsyn le imponen el exilio, mientras que Snowden lo elige. Los dos se refugian en otro gran país, cuya hospitalidad aceptan para protegerse del resentimiento que se expresa en sus países, pero ni el uno ni el otro está de acuerdo con todo lo que sabe de su país de acogida y con lo que observa a su alrededor. El Consejo de Europa cita como epígrafe de su informe sobre las consecuencias del caso Snowden una frase de Solzhenitsyn: «Nuestra libertad se basa en lo que los demás no saben de nuestra existencia».[1]

Lo que tienen en común es que los dos están dispuestos a pagar caro el derecho de hacer uso de su libertad de expresión y decir públicamente lo que saben que es verdad, y que su preocupación por la justicia es más importante que el deseo de vivir cómodamente y en paz.

1. *Le Monde*, 30 de enero de 2015.

Visión de conjunto

Todos los relatos de vida que acabamos de recorrer presentan a personajes cuya actitud frente al mundo suscita mi admiración. Sometidos a pruebas a menudo violentas, se niegan a someterse tanto a los adversarios que los amenazan como a sus propios demonios. Sus comportamientos responden a dos grandes formas de amor, a las personas y a la verdad (a veces las dos son sólo una).

Lo primero que sorprende de sus relaciones humanas es su negativa a dividir la población del planeta en dos grupos estancos, amigos y enemigos, buenos y malos. Incluso cuando sufren una agresión externa, violencia o humillaciones, evitan excluir del círculo de la humanidad a sus adversarios y sentir por ellos un odio infinito. Por lo tanto, evitan también imitarlos adentrándose en el trillado camino de la venganza y las represalias, y de reproducir la agresión, en ocasiones reforzada, de la agresión que sufren, lo que hemos llamado la lógica de los enemigos complementarios. Esta negativa es tanto más exigente cuanto que, disimulada detrás de términos aparentemente neutros, esta lógica impregna la ancestral «ley» del talión, el ojo por ojo, diente por diente, tanto en las relaciones entre países como en la vida interna de los Estados. Instituciones indispensables, como la justicia y la policía, suelen ajustarse a ella, aunque prefieran proclamar que responden a principios superiores. Se responde a la ofensa sufrida infligiendo una ofensa, la muerte sigue a la muerte. En varios países se ha abolido la pena de muerte, pero cuando se detiene a un delincuente, se quiere no sólo evitar que perjudique en el futuro, sino también que sufra, que la cárcel le sea dura. Esta justicia no ha perdido todo parentesco con la venganza, aunque quien se encargue de dar el golpe no sea la víctima ofendida o sus representantes, sino el Estado, en lo que tiene de impersonal. Después de los atentados del 11 de septiembre de 2001, Estados Unidos quería castigar a sus enemigos en los lugares en los que estaban (Afganistán), incluso en los lugares en los que no estaban (Irak). Un antiguo soldado que pasó a ser mercenario en Blackwater, Nicholas Slatten, hoy condenado a cadena perpetua por gran cantidad de asesinatos de civiles iraquíes, explica así sus actos: quería «matar a todos los iraquíes posibles para vengarse del 11-S». En los atentados de principios de enero de 2015 en París, los autores declaraban «vengarse de las pérdidas sufridas por culpa de las intervenciones occidentales» (en Irak, Afganistán y Mali) y «vengar al Profeta» (por los insultos presuntamente recibidos). El autor del atentado contra la maratón de Boston en 2013, Dzhojar Tsarnáev, escribió para explicar su gesto: «El gobierno estadounidense mata a nuestros civiles inocentes [...] Dejad de matar a nuestros inocentes y dejaremos de hacerlo nosotros».[1] En la actualidad la islamofobia alimenta el yihadismo, que a su vez refuerza la islamofobia.

Pero los personajes de este libro quieren diferenciar el delito del delincuente, escapar al enemigo y escapar al odio. La insumisión es doble. Germaine Tillion y Nelson Mandela logran asumir esta actitud, aunque en un primer momento se consideraban simples luchadores. Pero durante la Segunda Guerra Mundial, tras haber experimentado la traición, la cárcel y el miedo total, Tillion descubre que podemos liberarnos del odio al enemigo, que es una forma de cautiverio. Incluso siente piedad por sus verdugos. Durante la guerra de Argelia no le cuesta proyectarse en la mentalidad de los insurgentes, aunque está al corriente de los asesinatos que cometen. Mientras vivía en libertad, Mandela soñaba con la victoria militar sobre sus enemigos. En la cárcel, en soledad,

1. *Le Monde*, 16 de abril de 2015 y 10 de abril de 2015.

toma consciencia de que sus vigilantes forman parte de la misma humanidad que él, y que podrá conseguir mucho más de los dirigentes blancos de su país entendiendo su punto de vista que implicándose en acciones asesinas contra ellos. Es posible resistir sin odio. Etty Hillesum adopta esta opción de forma aún más radical y espontánea. Destierra todo odio, y el amor que siente por el mundo ilumina todas sus experiencias, incluidas las que tienen lugar en el campo de concentración. Este principio de salvaguardar su alma le es tan natural que elude dar lecciones a los demás, es simplemente la viva y serena encarnación de él.

A esta negativa a odiar a los enemigos se añade la ayuda activa a las víctimas. Etty muestra la medida de su compromiso en el campo de Westerbork, donde puede convertirse en el «bálsamo para tantas heridas». Tillion ayuda a sus compañeros del campo analizando para ellos el funcionamiento de esta maquinaria atroz y los incita a tomar distancia respecto de su experiencia gracias a este conocimiento abstracto o, cosa más rara, gracias al humor e incluso a la alegría. Es posible tomar altura. Durante el conflicto siguiente, la guerra de Argelia, dedica gran parte de su tiempo a ayudar a los campesinos argelinos que han caído en la miseria ofreciéndoles una mínima educación. Luego hará todo lo posible por librar de la tortura y de las ejecuciones a los insurgentes encarcelados, y detener también los atentados asesinos dirigidos a la población civil francesa. David Shulman regresa día tras día a los territorios ocupados para intentar impedir que se espolie a los campesinos palestinos y para proteger sus tierras, sus plantaciones y sus casas.

Lo que mueve a los disidentes es el amor a la verdad, y aceptan pagar un alto precio por ella. Una vez tomado este camino, deben renunciar a su tranquilidad y a su comodidad, y arriesgar su libertad, si no su vida. Tillion pasará su larga vida «buscando lo verdadero y lo justo», como dice el título de uno de sus libros. Para Borís Pasternak no se trata de una verdad fáctica, sus poemas y su novela no contienen ninguna denuncia, pero todos ellos están impregnados de una verdad humana, universal y privada que el comunismo quería erradicar. No hace caso de los dogmas oficiales que hacen las veces de verdad en su país y propone su propia versión de la historia de Rusia, de la revolución y de la guerra civil, que expone teniendo en cuenta sólo sus convicciones íntimas. Su deber lo ata a sí mismo y al arte, del que se siente servidor. No podría respetarse ni seguir escribiendo si se sometiera siempre a las exigencias del partido en el poder. Aleksandr Solzhenitsyn se considera el escritor del gulag. Tanto en sus ficciones como en sus obras documentales hace un terrible balance del sistema de campos de concentración, que envuelve a su país como una camisa de fuerza. Se debe a sí mismo –y debe al mundo– respetar la verdad de los hechos, contarla como es, agitar las conciencias, arrancar las máscaras de la mentira y ser más fuerte que la negación, y el arte es el vector indispensable. No le basta con decir la verdad. Para vencer la resistencia de los lectores, para llegar al alma y cambiar el corazón, hay que ser verdadero artísticamente. Edward Snowden acepta llevar una vida de fugitivo, lejos de su país y de sus seres queridos, con el riesgo de ir a parar a la cárcel hasta el fin de sus días, por sacar a la luz la verdad sobre la política de su propio gobierno, que infringe insidiosamente los principios que contempla la Constitución del país. El precio que pagan todos estos luchadores de la libertad es alto, pero no dudan en seguir su camino.

Los actos personales de estos individuos encuentran su origen en la exigencia moral, que dirigen ante todo a sí mismos, hilo conductor que los guiará por el mundo, en una relación de gran intensidad. Para empezar, todos ellos se niegan a someterse a las fuerzas internas que les empujarían a devolver los golpes, porque temen parecerse a sus agresores. Etty no parece haber tenido muchas dificultades en adoptar esta opción, porque su amor al mundo la preserva de toda tentación de venganza. Los disidentes como Pasternak, Solzhenitsyn y en la actualidad Snowden arremeten no contra individuos, sino contra gobiernos e ideas. Los obstáculos que superan son de otro orden, porque deben renunciar a la tranquilidad de su vida anterior. Sin embargo, en adelante ven aparecer un nuevo sentido. Su amor intransigente a la verdad los protege y los tranquiliza, y a esta luz se sienten protegidos y sólidos. Shulman no se limita a enseñar historia y poesía indias, aunque le satisface enormemente. Cada vez que puede se desplaza a los territorios ocupados de Palestina para expresar su compasión activa, protestar, ser testigo y estar con ellos. Tillion participa en la resistencia armada, pero, gracias al trabajo paciente consigo misma («durante veinte años no he dejado de limpiarme las gafas»), aprende a luchar contra el adversario sin odiarlo ni considerarlo no del todo humano.

Lo que lleva a Malcolm X a predicar que no debemos odiar al enemigo es profundizar en su conocimiento del islam. En Mandela, lo que provoca esta revelación, que fundamenta su política, es el descubrimiento de un destello de humanidad en los vigilantes.

Al mismo tiempo, los actos que llevan a cabo se sitúan en el espacio público y adquieren por ello una dimensión política. Cada uno ocupa su propia posición. Malcolm X será asesinado sólo unos meses después de su última transformación, que le hace renunciar a la lógica de los enemigos complementarios. Bajo la influencia del islam, abandona su visión racial de la sociedad y el privilegio que concedía a la lucha violenta, y reivindica los mismos derechos humanos para todos. Pero no tendrá tiempo de recoger los frutos de esta conversión moral y alimentar con ella su lucha política. Por el contrario, Etty casi siempre se niega a admitir la más mínima utilidad de los actos políticos. No admite la legitimidad de la lucha armada contra el ocupante hasta llegar al campo de concentración. Por su parte, los disidentes son conscientes del papel político de sus textos, básicamente motivados por el apego a la verdad. La posibilidad de actuar como un hombre libre, encarnada por Pasternak, abre un nuevo horizonte a los habitantes de su país. Las revelaciones de Solzhenitsyn sobre el sistema de campos de concentración, expuestas con su poderoso verbo, son uno de los golpes más duros infligidos al régimen soviético comunista y contribuyen de manera significativa a la evolución de la mentalidad, preludio del hundimiento del sistema. Todavía no sabemos si las revelaciones de Snowden ayudarán a modificar la política de su país, pero su acción en las conciencias en favor de la verdad y la justicia ya ha empezado. Pese a la inmensa desproporción de fuerzas entre el Estado y el individuo aislado, la verdad, que será siempre un acto del hombre aislado, puede poner en jaque las locuras de los Estados.

La acción de Shulman y de otros activistas pacíficos como él permite ayudar a los palestinos discriminados, y aunque no aporte resultados decisivos, se inscribe en el largo plazo, porque la huella de estas intervenciones se mantiene presente en la memoria. Tillion no sólo contribuye a la supervivencia de sus compañeros en el campo de concentración y de los insurgentes encarcelados en Argelia y en Francia. El camino que representa, su apego a la verdad y a la justicia, y su práctica de la compasión se granjean el respeto y la admiración de sus contemporáneos, y motivan en 2015 su entrada en el Panteón, lugar en el que Francia conmemora a sus ciudadanos ejemplares. En cuanto a Mandela, logra una auténtica hazaña, consigue el objetivo político que se había asignado: garantizar la transición pacífica, sin guerra civil ni masacres, de un régimen dominado por el apartheid hacia un Estado en el que todos los grupos humanos tuvieran los mismos derechos civiles. Además, Mandela deja el poder después de su único mandato. El poder no lo ha vuelto loco por el poder. El éxito de su política no bastará para remediar todos los males que sufre Sudáfrica, pero no era a lo que aspiraba. Esta labor incumbe a sus herederos. Ha entendido que las victorias conseguidas por la fuerza son semilla de futuras venganzas, que las humillaciones sufridas se transmiten de generación en generación, y que las confrontaciones que concluyen en acuerdo quizá son menos espectaculares, pero ofrecen resultados más sólidos. El propio Mandela representa una excepcional fusión de rectitud moral y eficacia política, y muestra que, lejos de contradecirse, moral y política pueden respaldarse mutuamente. Ilustra la posibilidad de ganar un conflicto sin humillar al adversario y, como había soñado Lincoln, convertir a los enemigos en amigos.

Hemos podido observar que las opciones asumidas por nuestros personajes a veces evocan principios que defienden las grandes tradiciones religiosas, como las doctrinas monoteístas, el judaísmo, el cristianismo y el islam. Pero los dos grupos no se superponen totalmente. Los libros santos de estas religiones se constituyeron a lo largo de periodos bastante largos y en circunstancias diversas. Encontramos en todas estas tradiciones preceptos divergentes, invocados en función de las necesidades de la causa. Algunos son similares a los principios que acabamos de mencionar, y otros no. De forma recíproca, no todas las acciones descritas en el presente libro encuentran equivalente en las enseñanzas de estas religiones.

Observamos una proximidad más sistemática entre nuestros personajes y la tradición budista, sobre todo con la versión del budismo tibetano, que en nuestros días representa el decimocuarto dalái lama, Tenzin Gyatso, nacido en 1935. Su pensamiento y su acción se apoyan en dos preceptos, uno negativo y otro positivo: «El desarme interior mediante la reducción del odio y la defensa de la compasión».[1] El primero se opone a la lógica de las represalias, alimentada por el resentimiento y el deseo de venganza, y el segundo se aplica no sólo a nuestras víctimas, sino también a nuestros adversarios. Esta opción no sólo la dicta la tradición, sino que se predica porque es más eficaz que su contraria. Las reacciones que emplean la fuerza son el germen del reinicio infinito de la violencia. Los métodos no violentos, el consenso y el compromiso aceptado por las dos partes aportan una solución duradera a los conflictos. Desde este punto de vista, la acción de Mandela en Sudáfrica ilustra bastante bien el espíritu del budismo tibetano.

1. Dalái lama, *Au-delà des dogmes*, Albin Michel, 1994, p. 43.

El dalái lama analiza los comportamientos políticos de nuestros contemporáneos en función de su práctica. Así, sobre los bombardeos occidentales que pretenden reprimir las acciones terroristas comenta: «Las bombas sólo pueden destruir las cosas físicas, no los pensamientos ni las emociones», que están en el origen de las acciones.[1] Lo aplica también a la situación que le concierne directamente, porque es el jefe temporal, no sólo espiritual, del pueblo tibetano, que fue integrado por la fuerza en el Estado chino, lo que supuso el exilio del dalái lama, en 1959. En un primer momento aspiró a la liberación del Tíbet y a recuperar la independencia, pero, al darse cuenta de que no puede alcanzarse este objetivo sin recurrir a métodos violentos, renuncia a ello, y desde 1973 ya no reclama la independencia, sino la autonomía dentro de China, que gestionaría las relaciones internacionales del Tíbet y las cuestiones de defensa, dejando a los tibetanos la gestión de los asuntos internos, la educación, el medio ambiente y el derecho de preservar su identidad cultural. La opción de una «vía intermedia», y por lo tanto del acuerdo con el enemigo, le valió al dalái lama la condena por parte tanto de los partidarios de una solución radical y del gobierno chino, que no quiere ceder un ápice de su poder, conseguido por la fuerza, como de los separatistas tibetanos, que no aceptan renunciar a ninguna de sus reivindicaciones.

Para ilustrar el imperativo de «reducir el odio» que predica el budismo, al dalái lama le gusta contar la historia de otro representante de la misma religión, el abad adjunto de un monasterio tibetano. Detenido por los chinos en 1959, estuvo encerrado durante dieciocho años, primero en la cárcel y después en un campo de trabajo. Después de su liberación marchó al exilio, según dijo para escapar de un grave peligro. ¿Qué peligro?, le pregunta el dalái lama. «Me contestó: «La amenaza de perder mi compasión por los chinos».» El dalái lama comenta: «La mayoría de nosotros se

---

1. Rueda de prensa en el Parlamento europeo, 24 de octubre de 2001.

habrían sentido orgullosos de contar a los demás su profundo resentimiento para ponerse en la piel de un héroe. Él había entendido que ése era el peligro».[1] Germaine Tillion, que vivió en la cárcel una experiencia similar, decía soñar con «una justicia despiadada con el delito y compasiva con el delincuente». El dalái lama recuerda el sentido de esta diferenciación hablando de los recientes atentados de París contra la redacción de *Charlie Hebdo* y el supermercado judío. Son «terribles fechorías» por las que no hay que acusar a las personas, sino lo que ha provocado que las hagan: «La falta de visión, la ira y la ignorancia».[2] El propio dalái lama ve el origen de estos dos principios de acción, la insumisión al odio y el ejercicio real de la compasión, no en la religión budista, ni siquiera en las religiones en conjunto, sino en la singularidad de la especie humana, el largo cuidado que necesita el niño, sin el cual ni él ni la especie habrían sobrevivido. «Así se ponen de manifiesto, al principio de nuestra existencia, una ternura y un afecto que están en lo más hondo de la naturaleza humana. Ese amor no nos lo enseñaron los religiosos. No nos lo impusieron las leyes ni nos lo enseñaron en el colegio. Apareció a la vez que nuestro cuerpo, al nacer.»[3] Por lo tanto, no es sorprendente que diferentes tradiciones religiosas afirmen los mismos preceptos, ya que beben de la misma fuente, el conocimiento intuitivo de las características de nuestra especie.

Sin duda es cierto que esta primera experiencia está en el origen de la capacidad humana de afecto y que condiciona nuestra capacidad de amar, pero hay que completar esta primera observación con una segunda, a saber, que al llegar a la edad adulta, la mayoría de los seres humanos está lejos de ajustarse a este modelo. Casi todos nosotros sólo ponemos en práctica este amor en raros momentos, en el estrecho

1. Dalái lama, *Penser aux autres* (2012), Seuil, Points Sagesse, 2013, p. 108.
2. Encuentro en la Universidad de Calculta, 13 de enero de 2015.
3. Dalái lama, *Au-delà des dogmes, op. cit.*, p. 17.

círculo de nuestros afectos personales. Los personajes de este libro son la excepción a la regla. Pero ¿cómo llegaron a ello?

En primer lugar, descartemos la idea de que se trate de una elección consciente y voluntaria. Cuando se hacen la pregunta, en general contestan como Germaine Tillion: «El porqué del acto sigue siendo un misterio, casi todos nuestros actos son "preelegidos"».[1] No elegimos la persona que somos. Salvo en aspectos poco importantes, su formación se nos escapa.

Lo que parece haber desempeñado un papel decisivo en la evolución de nuestros personajes es conocer un mal que viven como extremo. Este mal adquirió la forma de un campo de concentración en el caso de Hillesum y de Tillion, de un Estado totalitario y de un gobierno que vigilaba a todos sus ciudadanos en el de Pasternak, Solzhenitsyn e incluso Snowden, de un régimen que instituye la desigualdad legal entre dos partes de la población para Mandela, Malcolm y Shulman. Es como si la asfixia asegurara la respuesta de la fuerza del espíritu, como si la falta radical de humanidad preludiara el brote de su esplendorosa manifestación, como si hubiera que ser expulsado de la vida para llegar al centro. El dolor extremo engendra entonces la plena liberación. Del miedo total surge el valor total.

Sin embargo, el precio de esta sublimación es elevado. Consiste en acceder a un estadio humano que está por encima de las vivencias personales, con su carga de resentimientos y de afectos. Un camino que la mayoría de nosotros, aunque admire a los que se adentran en él, duda en tomar.

---

1. *FDV*, p. 127.

Agradecimientos

Quiero expresar mi agradecimiento a todos los amigos que me han ayudado en este libro, en especial a Michel Aucouturier, Antoine Audouard, André Comte-Sponville, Pali Finger, Anouk Grinberg, Charles Malamoud, Anise Postel-Vinay, Leïla Shahid, David Shulman y Martine van Woerkens.

Índice onomástico

Diderot, Denis, 26
Dostoyevski, Fiódor, 121
Drake, Thomas, 196

Efron, Alia, 104, 112
Efron, Serguéi, 104
Eisenstein, Serguéi, 104
Esenin, Serguéi, 90, 92
Etty, *véase* Hillesum, Etty

Feltrinelli, Giangiacomo,
	133-135
Freidenberg, Olga, 83,
	85-87, 90, 101, 104,
	108-109, 111-114, 116

Gandhi, Mahatma, 29,
	40-41, 76, 160, 176
Gide, André, 88, 99-100
Gluck, Christoph von, 65
Goethe, Johann Wolfgang,
	109, 137
Gorbachov, Mijaíl, 131,
	150, 153
Gorki, Máximo, 86
Grossman, Vasili, 127, 129,
	149
Guevara, Ernesto, 161

Hani, Cris, 154-155
Han, véase Wegerif, Han
Harding, Luke, 193, 195,
	197
Hass, Amira, 181
Hillesum, Etty, 31, 33-56,
	59, 64, 67, 69, 78, 113,
	119, 167, 187, 203-205

Hillesum, familia, 51
Hillesum, Mischa, 51
Himmler, Heinrich, 68
Hitler, Adolf, 43, 58, 109,
	112
Huxley, Aldous, 195

Ibsen, Henrik, 36
Iván el Terrible, 43, 104
Ivinskaya, Olga, 84, 96, 98,
	100, 102, 104, 107, 110,
	113, 115, 133-134, 136,
	138-139

Jesucristo, 36, 57, 64, 160
Jobs, Steve, 191
Jopie, véase Vleeschhouwer,
	Jopie
Jrushchov, Nikita, 13-14
Jung, Carl Gustav, 34

Kámenev, Lev, 98
Kírov, Serguéi, 87

Lenin, Vladímir, 84, 90,
	95-97, 118
Leonídovich, Borís, 104
Levinas, Emmanuel, 27
Lincoln, Abraham, 158,
	207
Luther King, Martin, 176

Mayakovski, Vladímir, 90,
	92, 95
Malcolm X, 31-32,
	172-176, 184, 205,
	210

Índice